MCT 标准教程 二级

总 策 划：马箭飞　胡志平

总 监 制：宋永波

策　　划：何　薇　胡自远

监　　制：邵亦鹏　李佩泽

总 主 编：骆　琳　李　骢　黄　蕾

主　　编：刘婷雁

副 主 编：刘亚斐　林　艳　王林曦　张俊榕　解妮妮

参编人员（按音序排列）：

白冰冰　黄　蕾　李佩泽　李群锋　林　艳　刘婷雁

刘小龙　刘亚斐　马小乐　王林曦　王　文　王亚男

解妮妮　于　艳　张俊榕　赵　璇

CENTER FOR LANGUAGE EDUCATION AND COOPERATION
中外语言交流合作中心

医学中文水平考试系列教材

MCT 标准教程

总主编 骆 琳 李 骢 黄 蕾

主 编 刘婷雁
副主编 刘亚斐 林 艳 王林曦
张俊榕 解妮妮

二级 · 下

北京语言大学出版社
BEIJING LANGUAGE AND CULTURE UNIVERSITY PRESS

图书在版编目（CIP）数据

MCT 标准教程. 二级. 下 / 骆琳，李骢，黄蕾总主编；刘婷雁主编；刘亚斐等副主编. -- 北京 ：北京语言大学出版社，2024.6

ISBN 978-7-5619-6571-9

I. ①M… II. ①骆… ②李… ③黄… ④刘… ⑤刘… III. ①汉语－对外汉语教学－水平考试－教材 IV. ①H195.4

中国国家版本馆 CIP 数据核字（2024）第 111820 号

MCT 标准教程　二级 · 下

MCT BIAOZHUN JIAOCHENG　ER JI · XIA

版式设计：邱　彬
排版制作：北京青侣文化创意设计有限公司
部分图片供稿：视觉中国
责任印制：周　燚

出版发行：北京语言大学出版社
社　　址：北京市海淀区学院路 15 号，100083
网　　址：www.blcup.com
电子信箱：service@blcup.com
电　　话：编 辑 部　8610-82303647/3592/3395
国内发行　8610-82303650/3591/3648
海外发行　8610-82303365/3080/3668
北语书店　8610-82303653
网购咨询　8610-82303908
印　　刷：天津画中画印刷有限公司

版　　次：2024 年 6 月第 1 版　　印　　次：2024 年 6 月第 1 次印刷
开　　本：889 毫米 × 1194 毫米　1/16　　印　　张：15.75
字　　数：208 千字
定　　价：89.00 元

PRINTED IN CHINA
凡有印装质量问题，本社负责调换。售后QQ号1367565611，电话010-82303590

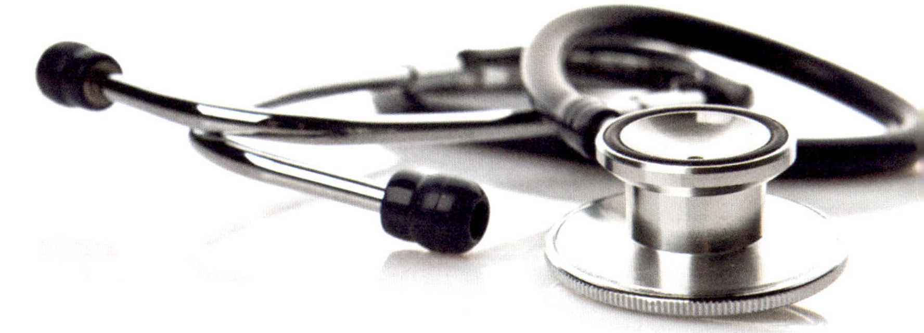

编写说明

近年来，我国医学教育事业快速发展，形成了多层次、多规格的医学教育体系，国际认可度不断提升。医学已经成为来华留学最热门、学生人数最多、规模最大的专业之一。为满足医学专业留学生在专业学习和临床实习过程中运用中文进行交际的需求，切实提升来华留学医学教育质量，教育部中外语言交流合作中心和汉考国际联合国内重点医学院校从事医学中文教学的专家学者和一线教师，共同研发了医学中文水平考试（MCT）。2019 年 12 月，MCT 正式开考。2020 年 11 月，《医学汉语水平考试（MCT）大纲》（以下简称《大纲》）正式出版。2021 年 3 月，《国际中文教育中文水平等级标准》（GF 0025—2021）（以下简称《等级标准》）发布，并于 2021 年 7 月 1 日起正式实施。

为提升国际中文教育和中国职业教育的全球适应性，进一步推动我国医学国际教育事业的发展，满足医学中文的教学需求，完善医学中文资源开发，服务医学中文水平测评，我们在深入贯彻“考教结合”“以考促教”“以考促学”理念的基础上，结合医学中文一线教学实际，以《大纲》和《等级标准》为依据，编写了这套《MCT 标准教程》（以下简称《教程》）。

一、教材定位

结合《大纲》要求，对标《等级标准》，《教程》主要面向通用中文水平基本达到 HSK 三级的医学专业来华留学生、在海外使用中文进行医学专业学习的学生，以及使用中文进行临床诊疗的中文非第一语言的医护人员等，重点培养学习者在医学 / 医疗场景中与患者、医护人员等用中文进行交际的能力。

二、编写理念

1. 以医学内容为依托，坚持标准化、数字化原则，融通专业性与通用性

《教程》在编写上，依据《大纲》和《等级标准》进行教学目标设定与教学内容选取。教材内容既契合医学中文教学和临床实践的实际情况，切实做到好教、好学、好用；又充

分运用现代医学各方面的优质资源和现代教育技术，能够满足线上、线下等不同的教学需求，提升实践性与操作性，增强课堂临床医学实践的代入感。教学内容兼顾医学专业表达与通用中文学习，生词选取兼顾医学词汇和通用词汇（《等级标准》三级以上），配以医学常用表达和通用语法［《等级标准》三级（含部分）以上］，让学习者在学习医学词汇和医学表达的同时，适时补充通用词汇和语法。

2. 以学习者为中心，以任务为导向，综合培养听、说、读、写技能

《教程》以任务型教学理念为指引、以临床实践任务为主线设计编排教学内容，将任务与话题、情境、功能、结构相结合，由易到难设置梯度，分级体现，循环复现，螺旋上升。《教程》注重医学情境下的探究型任务活动设计，遵循交际互动、有趣有益的原则，引导学习者主动参与、积极完成医学情境下的中文交际任务，激发学习者的学习主动性，让其在与教师、同伴的交流合作中自主完成知识体系的建构，并在任务活动中综合进行听、说、读、写各项技能训练，培养学习者的综合技能。

3. 注重医德培养，体现育人育才的教学理念

《教程》将医学科技进步、医德医风培养、传统医学发展、健康知识和中国国情介绍等内容融入其中，帮助学习者拓宽医学视野，提升人文素养，并激发其深入了解中国的兴趣。

4. 突出医学中文的特点，契合 MCT 理念，实现“考教结合”

《教程》以《大纲》中的“等级标准”为纲，全方位对接 MCT 考试内容、考试形式及等级要求，制定能力培养目标。《教程》基本上覆盖了《大纲》要求的所有话题、任务和医学专业词汇，将《教程》的“教”与《大纲》的“考”逐级匹配，实现“考教结合”，更好地服务于学习者。

三、教材特色

1. 层层递进，逐级匹配

MCT 根据医学专业词汇的常用程度分级，共分三个等级，其中 MCT 一级要求掌握的医学专业词汇量为 400 个左右，MCT 二级为 800 个左右，MCT 三级为 1500 个左右，并分别对三个等级要求达到的医学中文能力进行了总体描述和听、说、读、写分项描述。《教程》难度设计与 MCT 等级相匹配，按照语言难度及能力标准层层递进，逐级编写。

《教程》共分一级、二级、三级三个级别，每个级别分上、下两册，共六册。每册10课，共60课。每课建议用6～8课时完成，总教学课时数为360～480。学习者学完《教程·一级》后可以达到MCT一级的水平，学完《教程·二级》后可以达到MCT二级的水平，依此类推。

2. 题型丰富，以学适考

《教程》每课均设有主题热身、任务学习（准备、示例、活动）、任务操练（实践、练习）、拓展学习和自我评估五个部分，并在学习全程开展听、说、读、写各项技能训练。听力、阅读、写作练习的题型与MCT题型一致，练习内容以当课内容为主，目的是让学习者在平时的学习中逐步熟悉并适应MCT。

3. 科室场景齐全，图文并茂

《教程》以《大纲》的“等级标准”为经，以常见医学交际场景、典型病例为纬，每个级别的教材内容均覆盖内科、外科、妇科、儿科四个主干临床学科，同时兼顾眼科、耳鼻喉科、口腔科、皮肤科、传染科等科室。不同级别的教材内容侧重点不同，一级侧重疾病的症状描述与诊断，二级侧重疾病的诊断与治疗，三级侧重对疾病病理机制的探讨。

以下为《教程》各个级别的内容安排：

分册及课号		《教程·一级》	《教程·二级》	《教程·三级》
上册	第一课	呼吸内科	消化内科	呼吸内科
	第二课	呼吸内科	肾内科	肾内科
	第三课	消化内科	呼吸内科	神经内科
	第四课	内分泌科	神经内科	神经外科
	第五课	骨科	肝胆外科	妇科
	第六课	胃肠外科	甲状腺乳腺外科	产科
	第七课	肝胆外科	骨科	新生儿科
	第八课	妇科	心血管外科	儿科
	第九课	口腔科	生殖科	免疫科
	第十课	眼科	口腔科	大病医保

（续表）

分册及课号		《教程·一级》	《教程·二级》	《教程·三级》
下册	第十一课	心脏内科	神经内科	心脏内科
	第十二课	内分泌科	心血管内科	血液科
	第十三课	神经内科	血液科	皮肤性病科 / 传染科
	第十四课	肾内科	骨科	消化外科
	第十五课	胸外科	普通外科	耳鼻喉科 / 肿瘤科
	第十六课	神经外科	急诊外科	妇科
	第十七课	传染科	乳腺外科	产科
	第十八课	产科	产科	新生儿科
	第十九课	儿科	儿科	儿科
	第二十课	耳鼻喉科	眼科	人文关怀

《教程》课文内容主要涉及医院基本情况和就医流程，常见疾病的症状、体征，常规检查和诊疗操作，课文表述注重语言的规范性与专业性。《教程》结合医学中文教学的特点，将疾病的症状描述、诊疗项目的介绍等以图片方式呈现出来，使教学过程更为生动、直观、形象，可以有效激发学习者的学习兴趣，提高学习效率。

在《教程》的策划和出版过程中，编写组多次讨论，反复修改，力求为广大教师提供教学支持，让学习者快速、高效地习得医学中文。《教程》在编写过程中既有医生团队给予专业指导，也有多位医学中文教学专家进行把关；然而作为一套医学教学专用的中文教材，内容需要尽量覆盖医学全场景和临床全流程，内容专业而庞杂，难免有错漏之处，恳请读者批评指正，以便我们进一步修订完善。

编者

2023 年 1 月

目　录

第十一课

我父亲走丢了

主题热身

一、给下列词语选择对应的图片

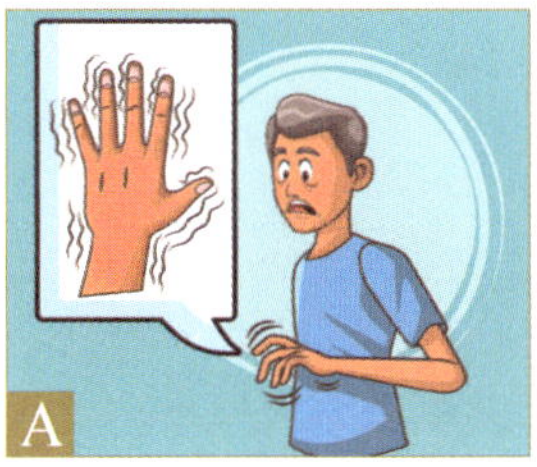

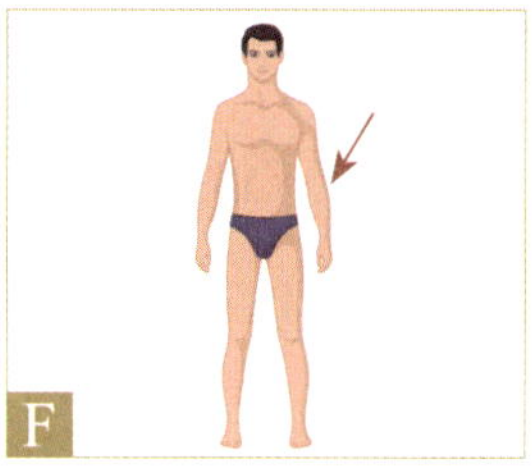

1. 颤抖________　　2. 驼背________　　3. 耳聋________

4. 晒太阳________　　5. 握笔________　　6. 手臂________

二、听对话，选择正确答案

1. 对话中，女的的爷爷患老年痴呆多长时间了？

   A. 3 年　　B. 8 年　　C. 10 年

2. 关于女的的爷爷，下列哪项正确？

   A. 生活基本不能自理　　B. 只认识家人　　C. 可以自己回家

3. “黄手环” 有什么用？

   A. 可以治疗老年痴呆

   B. 可以记录老年痴呆患者家属的联系方式

   C. 可以帮助走丢的老人联系警察

扫描二维码，获取听力音频

任务学习

任务一　描述有阿尔茨海默病和帕金森病患者的特征

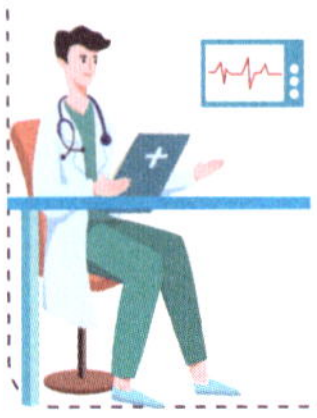

任务描述： 家属发现患有阿尔茨海默病和帕金森病的老人走丢了，到派出所找警察帮忙。

准备

语言点 1　固定短语：不怎么

读一读

读句子，选择与句子意思一致的一项

他不怎么愿意跟别人说话。

A. 他很愿意跟别人说话

B. 他不愿意告诉别人自己的事

C. 他不太愿意跟别人说话

学一学

“不怎么”后面常搭配形容词或表示心理活动的动词，有“不太”的意思，但程度较轻。“怎么”表示一定程度，起到减轻“不”的否定力度的作用，使语气委婉。

例句

（1）他今天不怎么舒服，没去上课。

（2）这次考试不怎么难，我觉得应该能通过。

（3）其实我不怎么想去，但他一直给我打电话，我只好答应了。

练一练

用“不怎么”完成句子

（1）这首歌______________________________，换一首吧。

（2）最近，他的血压__________________________，控制得还可以。

（3）他看起来____________________________，咱们就别勉强了。

语言点 2　固定短语：就是说

读一读

读句子，选择与句中加点词语意思一致的一项

就是说，您父亲跟别人正常交流有些困难，对吧？

A. 意思是　　　B. 说清楚　　　C. 被称为

学一学

“就是说”可作为一个固定短语出现在句首，用于对前面所陈述的事实或情况进行进一步的解说，有对所陈述事实或情况进行总结、归纳的意思。有时，也可以用“这就是说”。

例句

（1）就是说，他已经没有治愈的可能了。

（2）就是说，她的智力水平就跟五六岁的孩子差不多。

（3）这就是说，他的肺功能已经衰竭了。

练一练

根据所给句子，用“就是说”或者“这就是说”造句

（1）活检的结果出来了，是恶性的。

____

（2）他的尿常规检查发现尿蛋白“+++”。

____

（3）医生跟我们说已经尽力了。

____

语言点 3　假设复句：万一……，（就）……

读一读

读句子，选择可以替换句中加点词语的一项

万一他在什么地方摔倒了，没人发现，他也不知道呼救，那就糟了！

A. 要是　　B. 既然　　C. 只要

学一学

“万一……，（就）……”可用于连接假设复句。前一个分句用“万一”表示假设出现某一小概率事件，后一分句用“就”引出出现小概率事件后的结果。“就”有时也可省略。

例句

（1）记住，万一走丢了，就马上打这个电话。

（2）万一患者在手术中出现大出血，就麻烦了。

（3）建议你还是做个活检，万一是恶性的，早期治疗的效果也比较好。

练一练

用“万一”完成句子

（1）______________________________，就麻烦了。

（2）______________________________，病人就可能会有生命危险。

（3）______________________________，就没有办法了。

示例

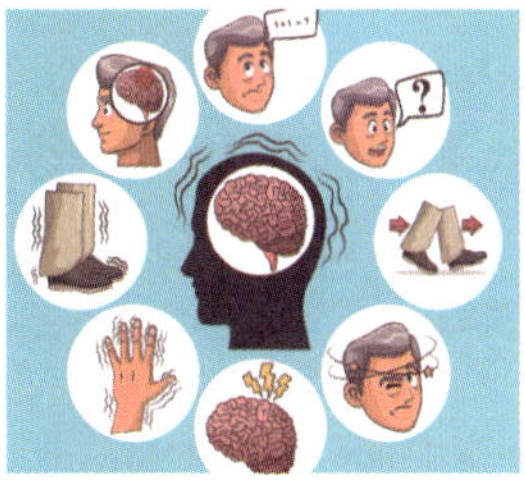

扫描二维码，获取课文和生词音频

- 地点：派出所（pàichūsuǒ，local police station）
- 患者家属：刘强新（患者儿子）
- 警察：张明

刘强新： 警察同志，我父亲走丢了。我已经找了一整天了，也没找到。你们能不能帮我找找？

张　明： 好的好的。您先别着急，慢慢说。您父亲多大年纪了？您知道他是在哪儿走丢的吗？

刘强新： 我父亲已经80多岁了。今天早上保姆带他到家附近的小公园晒太阳。保姆说，大概10点多的时候，她去了趟洗手间，回来就发现我爸不见了。我们在公园附近找了大半天了，他常去的地方我们都去找了，亲戚朋友家也都问了，都没找到。

张　明： 那您父亲会不会自己回家了呢？

刘强新： 我爸有阿尔茨海默病，也就是咱们常说的“老年痴呆”。他自己已经记不清回家的路了。不过，

生词

1. 同志　tóngzhì　*n.*　comrade
2. 丢　diū　*v.*　to lose
3. 着急　zháojí　*v.*　to worry
4. 保姆　bǎomǔ　*n.*　housemaid, nanny
5. 附近　fùjìn　*adj.*　nearby
6. 晒太阳　shài tàiyáng　to bask in the sun
7. 趟　tàng　*m.*　*used of a trip*
8. 亲戚　qīnqi　*n.*　relative
9. 阿尔茨海默病　ā'ěrcíhǎimòbìng　*n.*　Alzheimer's disease (AD)

为了以防万一，我还是让我妹妹在家等着。我刚打电话问了，我爸还没回家。

张　明：这样啊。那他老人家今天穿的是什么样的衣服？

刘强新：他今天穿的是蓝色的上衣、黑色的裤子和布鞋，头上戴了顶白色的帽子。您看，这是保姆早上在公园给他拍的照片。

张　明：您父亲还有什么特征吗？

刘强新：他现在的智力水平跟五六岁的小孩儿差不多，看起来目光有些呆滞。他也不怎么愿意跟别人说话，比较沉默。耳朵比较聋，说话也不太清楚。

张　明：就是说，您父亲跟别人正常交流有些困难，反应也比较迟钝，对吧？

刘强新：对。另外，他还有帕金森病，左侧肢体颤抖得比较厉害，平衡能力也比较差，走路不太稳，拄着拐杖。现在马上就要天黑了，天气这么冷，万一他在什么地方摔倒了，

⑩ 以防万一　yǐ fáng wànyī　just in case, be ready for anything

⑪ 老人家　lǎorenjia　*n.*　venerable old person

⑫ 顶　dǐng　*m.*　*used of sth. that has a top*

⑬ 帽子　màozi　*n.*　hat

⑭ 特征　tèzhēng　*n.*　feature

⑮ 智力　zhìlì　*n.*　intelligence

⑯ 沉默　chénmò　*adj.*　silent

⑰ 聋　lóng　*adj.*　deaf

⑱ 迟钝　chídùn　*adj.*　retarded, slow

⑲ 帕金森病　pàjīnsēnbìng　*n.*　Parkinson's disease (PD)

⑳ 颤抖　chàndǒu　*v.*　to tremble

㉑ 平衡　pínghéng　*adj.*　balanced

没人发现，他也不知道呼救，那就糟了！

张　明：根据您的描述，他行动比较迟缓，行动能力有限，应该不会走得太远。这样，我先派同事再去公园附近找找，然后我帮您联系一下儿交通广播电台的记者，请他们发布一则寻人启事，让路上的司机朋友们都帮忙找找。好吗？

刘强新：好的好的。非常感谢！

22 呼救　hūjiù　*v.*　to call for help
23 糟　zāo　*adj.*　bad
24 描述　miáoshù　*v.*　to describe
25 有限　yǒuxiàn　*adj.*　limited
26 发布　fābù　*v.*　to release
27 则　zé　*m.*　a piece (of writing)
28 寻人启事　xúnrén qǐshì　notice for missing persons

活动

答一答

（1）老人是在哪儿走丢的？
（2）老人患有哪些疾病？具有哪些特征？
（3）老人的儿子担心什么？

说一说

小组讨论：你们认为阿尔茨海默病患者可能出现下列哪些临床表现？请在对应临床表现前的“□”里画“√”。如果你们认为还有其他临床表现，请写在下面。

□ 记忆减退

□ 失语

□ 时间、空间障碍

☐ 计算障碍

☐ 抑郁（yìyù, depressed）

☐ 情绪异常

其他临床表现：____

读一读

读报告单，选择正确答案

颅脑超声检查报告单

姓名：刘国福　　性别：男　　年龄：85 岁

申请科室：神经内科　　检查部位：头颅

检查时间：×× 年 ×× 月 ×× 日

检查描述：透过颞窗，中脑黑质可见高回声区。左侧：0.185 cm²。右侧：0.542 cm²。相关颅内血管（大脑动脉）彩色多普勒血流及频谱未见明显异常。

超声提示：中脑黑质可见高回声区，请结合临床。

报告医生：吴强　　审核医生：张春华　　复核医生：王新生

（1）患者做了什么检查？

A. CT　　B. 核磁共振　　C. 彩超　　D. X 线

（2）患者哪个部位发现了异常？

A. 中脑黑质　　B. 大脑动脉　　C. 大脑白质　　D. 第三脑室

任务二 讨论帕金森病的主要症状

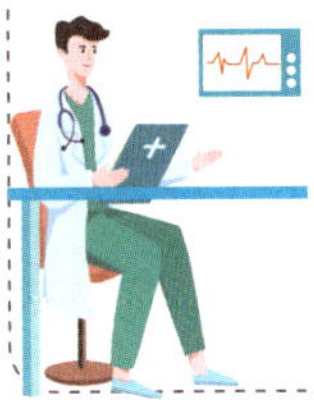

任务描述：讨论门诊实习时遇到的帕金森病例。

准备

语言点1 存现句：处所词 + 动词 + 趋向补语 / 结果补语 + 动态助词（了）+ 数量短语 + 人 / 物

读一读

读句子，判断意思理解是否正确

外边走进来一个驼背的年轻人。

一个驼背的年轻人从外面走进来。（ ）

学一学

“处所词 + 动词 + 趋向补语 / 结果补语 + 动态助词（了）+ 数量短语 + 人 / 物”是一种存现句结构，用来表示人或物的出现或者消失。

例句

（1）手术室里推出来了一位老人。

（2）我们科室转走了两个病人。

（3）前边开过来一辆救护车。

练一练

组词成句

（1）一位　医生　过来　前面　了　走　年轻

____

（2）护士　急诊室里　出来　几个　跑　突然

____

（3）长　一　出来　这里　个　了　肿块

____

语言点 2　概数表示法：数词 + 来 + 量词

读一读

读句子，选择与句中加点词语意思一致的一项

那个患者才40来岁。

A. 40 岁左右　　B. 40 多岁　　C. 不到 40 岁

学一学

“数词 + 来 + 量词”多用于口语，表示接近结构中数词所表示的数目，可能多一点儿，也可能少一点儿。“来”前面的数量只能是“～十”“～百”“～千”等整数。

例句

（1）他在医院住了 30 来天了。

（2）他的手术已经做了 10 来个小时了，也不知道情况怎么样了。

（3）昨天我们去那家饭馆吃饭，花了 200 来块钱。

练一练

用“数词 + 来 + 量词”改写句子

（1）我回国得坐大约 10 个小时的飞机。

____

（2）这个手术的费用差不多是 3000 块钱。

____

（3）最近，我突然瘦了很多，只有 90 斤左右了。

____

示例

- 科室：神经内科（住院部）
- 实习生 1：阿伊莎
- 实习生 2：珍娜

扫描二维码，获取课文和生词音频

珍　娜：早上我刚到黄主任诊室，就看到外边走进来一个驼背的年轻人，走路脚还拖着地。他那个样子很像是书上说的“慌张步态”。

阿伊莎：不会吧？年轻人怎么会有帕金森病的典型体征？帕金森病不是一种常见的中老年疾病吗？

珍　娜：是啊。我也是这么想的，那个

生词

1. 诊室　zhěnshì　*n.*　consulting room
2. 驼背　tuóbèi　*v.*　to have a hunchback
3. 拖　tuō　*v.*　to shuffle
4. 慌张步态　huāngzhāng bùtài　festinating gait

患者才 40 来岁。黄主任最后的诊断是早发型帕金森病。他说这在临床上一般比较少见。

阿伊莎：那这个患者也像常见的帕金森病患者那样手、腿发抖吗？

珍　娜：他没有手抖、腿抖的症状。他说一开始只是感觉身体容易疲劳。有时写字握不住笔，伸手或者举起手臂拿东西有困难，走路左右脚不怎么协调。

阿伊莎：这些症状都是肌张力异常导致的吧？

珍　娜：是的。他说后来身体一侧越来越僵硬，腰也疼得很厉害，走路都有些困难了。

阿伊莎：他没有出现静止性震颤的症状，又这么年轻，的确不容易想到是帕金森病。

珍　娜：是。不过，黄主任说有些帕金森病患者并不会出现震颤。在静止性震颤、肌强直、运动迟缓和姿势步态障碍四个主要运

5 早发型 zǎofāxíng *n.* early-onset type

6 发抖 fādǒu *v.* to shake

7 握 wò *v.* to hold

8 伸 shēn *v.* to stretch, to extend

9 手臂 shǒubì *n.* arm

10 协调 xiétiáo *adj.* coordinated

11 肌张力 jīzhānglì *n.* muscle tone

12 僵硬 jiāngyìng *adj.* stiff

13 静止性震颤 jìngzhǐxìng zhènchàn static tremor

14 肌强直 jīqiángzhí *n.* muscle rigidity, myotonia

动症状中，运动迟缓是诊断帕金森病的必要条件。这个患者出现的握笔困难、行走异常都是动作速度和幅度下降的表现。很多患者由于自觉疲劳无力或者行走困难，都会首先选择去骨科就诊。黄主任还说有些患者在患病早期，上面的四个运动症状可能都不典型，反而会出现嗅觉减退、失眠等感觉障碍，便秘、多汗等自主神经功能障碍，以及抑郁、焦虑等精神和认知障碍。这些临床表现更容易被忽视。

阿伊莎：还真是。所以采集病史的时候，还真得问得仔细些。

珍　娜：嗯，是的。

15 幅度　fúdù　*n.*　range, extent

16 自觉　zìjué　*v.*　to be aware of

17 骨科　gǔkē　*n.*　(the department of) orthopedics

18 嗅觉　xiùjué　*n.*　olfaction

19 便秘　biànmì　*v.*　to constipate

20 自主神经　zìzhǔ shénjīng　autonomic nerve

21 抑郁　yìyù　*adj.*　depressed

22 焦虑　jiāolǜ　*adj.*　anxious, worried

23 采集　cǎijí　*v.*　to collect

Note：

1. 慌张步态
2. 静止性震颤

扫描二维码，获取注释内容

活动

答一答

（1）珍娜在黄主任诊室看到一位什么样的患者？

（2）患者被诊断为什么病？

（3）患者出现了哪些症状？

（4）什么症状是诊断帕金森病的必要条件？

说一说

（1）**小组讨论：**帕金森病的主要症状有哪些？哪些是运动症状？哪些是非运动症状？

帕金森病的主要症状	
运动症状	非运动症状

（2）**想一想：**下列两组句子中，A、B 两段话的意思一样吗？如果你要向上级医生汇报患者的情况，A、B 两种表述方式哪种更合适？两种表述方式有什么不一样？

① A：病人有时写字握不住笔，伸手或者举起手臂拿东西有困难。走路左右脚不怎么协调，走路脚拖地，像用小碎步（xiǎosuìbù，small steps）跑步一样。

B：患者出现了握笔困难、动作迟缓、慌张步态等症状。

② A：病人家属说病人最近总是忘事、忘东西，对什么都没兴趣，没事儿就坐在沙发上看电视，常常坐着坐着就睡着了，而且变得不愿意跟人说话，还特别容易生气。

B：患者家属反映记忆减退、精神疲乏，出现消极（xiāojí，passive）、沉默、易怒等情绪异常和人格（réngé，personality）改变。

（3）**成段表达：**请根据“任务二”的示例内容，说一说门诊遇到的帕金森病例的情况。

这位患者年龄只有……，被诊断为……。一般来说，帕金森病是一种……，……在临床上较少见。患者未出现……、……的典型症状，但出现了……、……、……等运动症状，……是……的必要条件。有些帕金森病患者在患病早期还可能出现……、……等感觉障碍，……、……等自主神经功能障碍，以及……、……等精神和认知障碍。

演一演

小组活动：两人一组，根据场景提示，使用下列词语模拟患者家属与医生的对话。

场景提示：家属带有阿尔茨海默病和帕金森病的患者到医院复诊，医生向患者家属询问患者的病史和症状。

颤抖、沉默、抑郁、焦虑、智力、肌强直、步态、聋、迟钝、握、伸、平衡

任务操练

实践

阿尔茨海默病和帕金森病都是常见的中老年疾病。重度阿尔茨海默病和帕金森病都可能导致患者痴呆，严重影响老年人的生活质量。请你查一查相关资料，拍个科普小视频或者写一篇科普小短文，介绍一下儿阿尔茨海默病或者帕金森病。

练习

（一）词语搭配

1. 握
2. 晒
3. 伸
4. 采集
5. 发布

A. 寻人启事
B. 笔
C. 太阳
D. 手
E. 病史

（二）选择正确的词语填空

1. 患者双手（1）________，肢体协调（2）________变差，并出现了（3）________步态障碍。

（1）A. 颤抖　　B. 平衡　　C. 迟钝　　D. 静止

（2）A. 型　　B. 形　　C. 性　　D. 度

（3）A. 功能　　B. 运动　　C. 动作　　D. 姿势

2. 有时写字会握不（1）________笔，手臂也（2）________不起来，走路的时候，脚总是（3）________着地。

（1）A. 起　　B. 上　　C. 住　　D. 开

（2）A. 升　　B. 举　　C. 拿　　D. 伸

（3）A. 按　　B. 拖　　C. 推　　D. 抬

3. 我父亲现在耳朵（1）________得很厉害，反应也比较（2）________，我总担心他一个人出门不太安全。我都让保姆跟着他，（3）________。

（1）A. 闻　　B. 聋　　C. 哑　　D. 烫

（2）A. 迟缓　　B. 剧烈　　C. 迟钝　　D. 亢进

（3）A. 以防万一　　B. 以防如果　　C. 以防只有　　D. 以防可能

（三）用指定词语或结构完成对话

1. 实习生：王大爷，早上好！今天感觉怎么样？

老　王：________________________________。（不怎么）

2. 家属：张医生，这个手术现在一定要做吗？

医生：我们建议还是做。________________________。［万一……，（就）……］

3. 小李：今天早上开会怎么没看到你啊？

小王：别提了，我请假了。昨天晚上啤酒喝多了。

小李：喝醉了啊？你喝了多少啊？

小王：________________________________。（数词 + 来 + 量词）

4. 实习生 1：你看，____。

[处所词 + 动词 + 趋向补语 / 结果补语 + 动态助词（了）+ 数量短语 + 人 / 物] 我觉得她好像不太舒服。

实习生 2：走，我们快过去看看。

5. 医生：您好！从您父亲的症状和检查结果来看，他的癌细胞已经发生全身性转移了。我们认为已经没有手术意义了，____________________________。（就是说）

家属：医生，真的没有办法了吗？

（四）阅读语段，选择与语段意思一致的一项

1. 阿尔茨海默病因为通常发病于老年期，也常被称为“老年痴呆”。早期诊断与干预能有效控制阿尔茨海默病的进展。但由于早期症状为老年人常见的记忆减退、注意减退等，阿尔茨海默病一开始很难被发现。目前，阿尔茨海默病常用的治疗方式包括药物治疗、支持治疗、心理治疗和康复训练等。

A. 阿尔茨海默病的早期症状比较容易被发现

B. 早诊断、早干预，可能可以治愈阿尔茨海默病

C. 阿尔茨海默病的治疗不仅包括药物治疗，还包括支持治疗、心理治疗和康复训练等

2. 帕金森病的平均发病年龄为 55 岁，40 岁以前相对（xiāngduì，relative）少见。帕金森病一旦发病，就将随着时间的推移而加重。多数患者在患病前期还可继续工作，但数年后逐渐丧失工作能力。到患病晚期，可能出现全身僵硬、活动困难、痴呆等症状，导致生活不能自理，需要他人护理。目前，帕金森病的治疗手段都只能改善症状，不能阻止病情的发展，更无法治愈。

A. 帕金森病主要发病于中老年期

B. 帕金森病早期，可以通过治疗阻止病情的发展

C. 帕金森病晚期患者都会出现痴呆

（五）写作练习

请根据“任务一”的示例内容，写一则寻人启事。

寻人启事

拓展学习

一、词汇

神经元（shénjīngyuán，neuron）相关词语

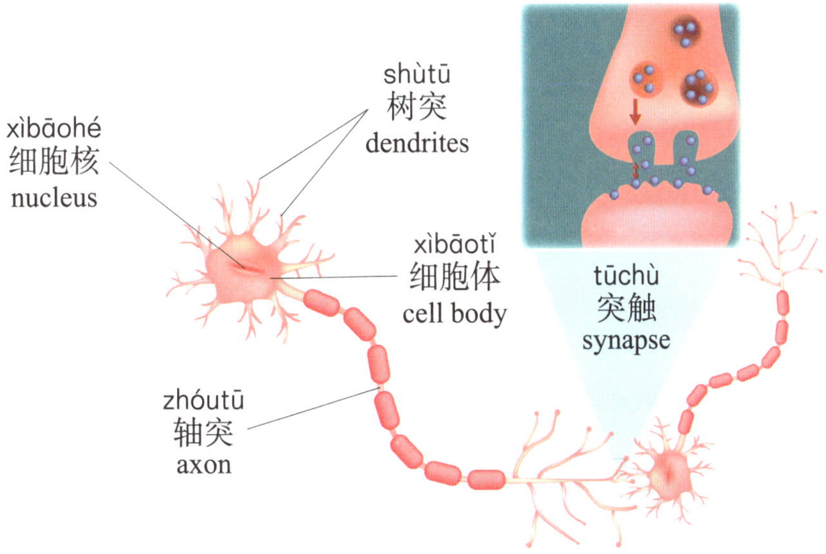

二、阅读

痴呆老人护理何去何从

痴呆是由于脑功能障碍而产生的获得性、进行性智能损害综合征。据世界卫生组织（World Health Organization，WHO）2019 年的统计，全世界约有超过 5500 万痴呆患者。并且，全世界每年新增的痴呆病例高达 1000 万，到 2030 年全球痴呆患者的总数预计将达到 7800 万人，到 2050 年则将达到 1.39 亿人。导致痴呆的病因有多种，其中阿尔茨海默病是老年痴呆的最常见病因，约占所有痴呆病例的 50%～75%。此外，帕金森病、血管性痴呆、外伤等也都是导致痴呆的病因。

痴呆患者会缓慢出现记忆、认知、语言、精神或行为等方面的异常，甚至伴有人格改变。这就意味着随着病情的进展，痴呆患者将出现生活无法自理、不得不依赖他人护理的情况。目前，痴呆是全世界老年人残障和需要依赖他人护理的主要原因之一。对痴呆患者的护理主要有社会提供的护理服务以及由家庭成员提供的非正规护理。而世界卫生组织的统计表明，非正规护理的费用约占全球痴呆治疗和护理费用的一半，而社会护理费用占三分之一以上。在低收入和中等收入国家，大多数痴呆护理费用（约 65%）为非正规护理费用。在较富裕的国家，非正规护理和社会护理的费用各占 40% 左右。

为了保障失智、失能老年人的基本生活权益，使他们的生活更有质量，生命更有尊严，截至 2022 年底，中国已在 49 个城市开展了长期护理保险试点工作，1.69 亿人参保，累计享受（xiǎngshòu，to enjoy）待遇人数 195 万。同时，中国国家医疗保障局还发布了《长期护理失能等级评估标准（试行）》和《长期护理保险失能等级评估管理办法（试行）》，建立了对患者日常生活能力、认知能力、感知觉与沟通能力等方面的综合评估指标体系，让长期护理保险制度"保障谁"更加清晰，"保什么"更加精准。长期护理保险制度的建立将有效保障患有痴呆等疾病的失智、失能老人的长期护理需求，破解"机构不能医、医院不能养、家庭无力护"的困局。

（一）重要医学词语

1. 智能	zhìnéng	*n.*	intelligence
2. 依赖	yīlài	*v.*	to depend on
3. 失智	shīzhì	*v.*	to become dementia
4. 失能	shīnéng	*v.*	to become disabled
5. 权益	quányì	*n.*	rights and interests

6. 尊严	zūnyán	*n.*	dignity
7. 精准	jīngzhǔn	*adj.*	accurate

（二）阅读材料，选择正确答案

1. 根据世界卫生组织 2019 年的统计，全球痴呆患者总数已经超过了：

   A. 1000 万人　　B. 5500 万人

   C. 7800 万人　　D. 1.39 亿人

2. 最常见的老年痴呆病因是：

   A. 阿尔茨海默病　　B. 帕金森病

   C. 血管性痴呆　　D. 脑外伤

3. 关于痴呆患者的护理，下列哪项错误？

   A. 痴呆是老年人残障和需要依赖他人护理的主要原因之一

   B. 在全球范围内，痴呆患者的社会护理费用占总治疗和护理费用的一半以上

   C. 在低收入和中等收入国家，对痴呆患者的护理主要依靠非正规护理

   D. 对痴呆患者的非正规护理主要由家庭成员提供

4. 关于中国的长期护理保险制度，下列哪项错误？

   A. 中国已经在全国范围内建立了长期护理保险制度

   B. 长期护理保险制度的建立可以保障失智、失能老人的护理需求

   C. 长期护理保险制度的建立可以提高失智、失能老人的生活质量

   D. 中国已经建立了对需要长期护理的失能患者的综合评估指标体系

自我评估

一、生词知多少

你认识下列词语吗？如果认识，请在词语前的“□”里画“√”；如果不认识，请再复习复习。

□ 同志	□ 保姆	□ 亲戚	□ 老人家
□ 丢	□ 糟	□ 发布	□ 寻人启事
□ 附近	□ 则	□ 手臂	□ 描述
□ 聋	□ 伸	□ 握	□ 拖
□ 幅度	□ 特征	□ 协调	□ 有限
□ 晒太阳	□ 以防万一	□ 僵硬	□ 诊室
□ 骨科	□ 早发型	□ 阿尔茨海默病	□ 帕金森病
□ 智力	□ 慌张步态	□ 自主神经	□ 肌强直
□ 肌张力	□ 发抖	□ 颤抖	□ 静止性震颤
□ 驼背	□ 平衡	□ 抑郁	□ 焦虑
□ 沉默	□ 迟钝	□ 自觉	□ 呼救
□ 采集	□ 项	□ 帽子	□ 着急
□ 趟	□ 嗅觉	□ 便秘	

掌握了 25 个以上：非常好，为你点赞！

掌握了 20～25 个：不错，继续努力！

掌握了 19 个及以下：好好复习，下次加油！

二、你知道怎么说吗？

你知道下列几种情况应该怎么说吗？如果知道，请在句子前的“□”里画“√”。

□ 描述阿尔茨海默病患者的主要症状。

□ 描述帕金森病患者的主要症状。

第十二课

请大家离开，要对他进行电击除颤了

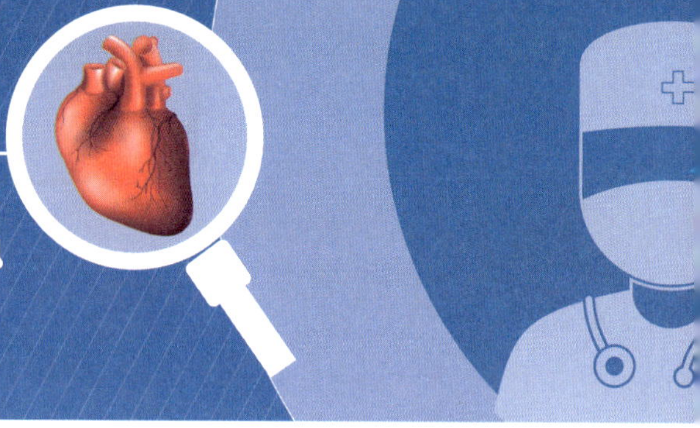

主题热身

一、给下列词语选择对应的图片

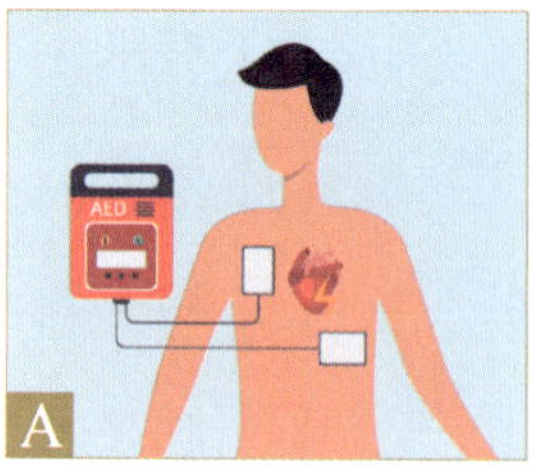

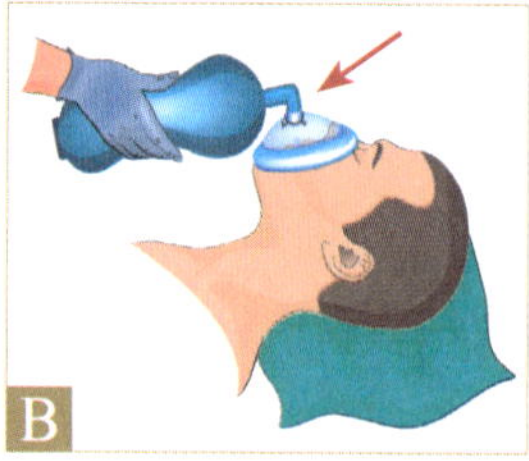

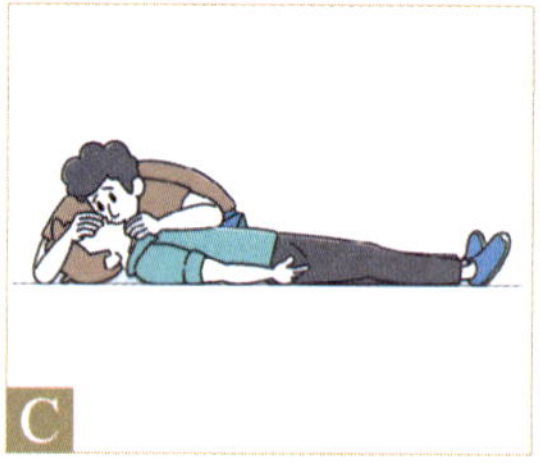

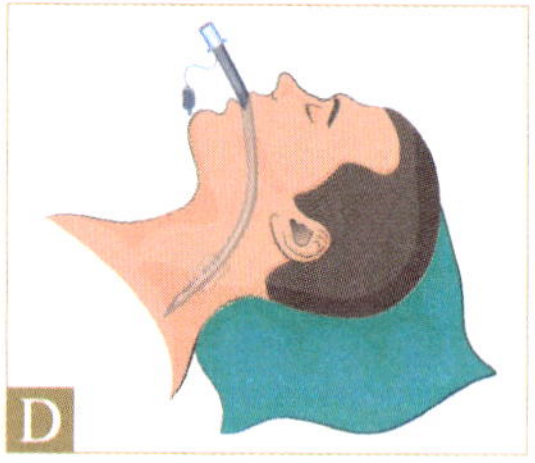

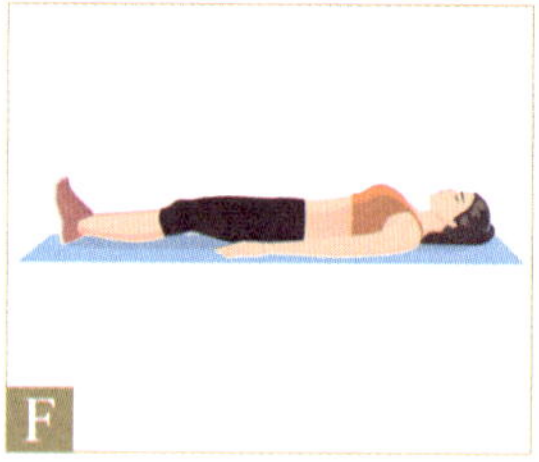

1. 电除颤________　　2. 气管内插管________　　3. 复苏气囊________

4. 仰卧位________　　5. 胸外按压________　　6. 人工呼吸________

二、听对话，选择正确答案

1. 对话的两个人可能是什么关系？

   A. 同事　　B. 夫妻　　C. 医患

2. 男的最近感觉怎么样？

   A. 胸闷　　B. 失眠　　C. 多汗

3. 根据对话，下列哪项正确？

   A. 女的是项目经理　　B. 男的觉得很热

   C. 男的脸色不太好

扫描二维码，获取听力音频

任务学习

任务一　心搏骤停患者的院前急救

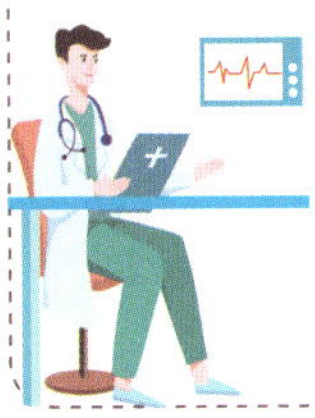

任务描述：在地铁站遇到心搏骤停患者倒地晕厥，立即拨打 120 急救电话，并实施心肺复苏等抢救措施。

准备

语言点 1　固定格式：A 着 A 着

读一读

读句子，选择与句子意思一致的一项

说着说着他就倒在地上了。

A. 他说完话就倒在地上了

B. 他正说着话，就倒在地上了

C. 他一说话就倒在地上了

学一学

固定格式“A 着 A 着”中的 A 多为单音节动词，后面常接其他动词。表示前一个动作进行的同时，出现了后一个动作。

例句

（1）他坐在沙发上看电视，看着看着就睡着了。

（2）刚才她还好好的呢，怎么说着说着就哭起来了？

（3）他拄着个拐杖，走得不是很稳，走着走着就摔了一跤（jiāo，fall）。

练一练

用“A 着 A 着”完成句子

（1）也不知道这孩子是怎么了，她 ________________。

（2）我跟她在微信上聊天儿，可是 ________________。

（3）他一开始并不喜欢这个工作，________________。

语言点 2 “把”字句表处置：主语 + 把 + 宾语 + 动词（+ 一 / 了）+ 动词

读一读

读句子，判断意思理解是否正确

请您帮我把他胸口的汗擦擦。

他胸口的汗要擦一擦。（　　）

学一学

“主语 + 把 + 宾语 + 动词（+ 一 / 了）+ 动词”表示通过动词所表示的动作行为对宾语进行某种处置。

例句

（1）他用酒精把伤口擦了擦。

（2）明天就要表演了，下午我们再把这首歌练练吧。

（3）手术前，一定要把该准备的东西再检查检查。

练一练

组词成句

（1）消　快　伤口　消毒　把

____

（2）抬　了　他　右手臂　把　抬

____

（3）可以　把　病历　整理　病人　整理　的　吗　你

____

示例

- 地点：地铁站
- 患者：王宇（男，32岁）
- 患者同事：张晶晶
- 医学生：李昊

扫描二维码，获取课文和生词音频

张晶晶：来人啊！来人啊！有人晕倒了！

李　昊：让我看看。我是医科大学的学生。先生，你怎么了？快醒醒！先生，你怎么了？

张晶晶：我看他面色苍白，大汗淋漓，呼吸急促。刚才我还在说他是不是哪儿不舒服，说着说着他就倒在地上了。

李　昊：他神志不清，呼吸、心跳都快没了！快打120！工作人员在吗？这儿有AED（自动体外除颤器）吗？

工作人员：有。我马上去取。

张晶晶：（打电话）喂，是120吗？

急救中心：您好！市急救中心，请讲。

张晶晶：2号线东门地铁站有人晕倒了。你们快来！

急救中心：好的。东门站，对吧？我马上

生词

1. 医科　yīkē　*n.*　medical science, medicine
2. 苍白　cāngbái　*adj.*　pale
3. 大汗淋漓　dàhàn línlí　to sweat profusely
4. 急促　jícù　*adj.*　rapid
5. 神志不清　shénzhì bù qīng　to be unconscious
6. 心跳　xīntiào　*v.*　(of the heart) to beat, to palpitate
7. 自动体外除颤器　zìdòng tǐwài chúchànqì　automated external defibrillator (AED)
8. 急救　jíjiù　*v.*　to give first aid

给您派救护车。病人现在情况怎么样？

李　　昊：（一边对患者进行胸外按压，一边说）病人30来岁，突然倒地晕厥、休克，无自主呼吸，脉搏未触及，具体病史不详，可能是心搏骤停，急需抢救。我已经把他翻转到仰卧位，开始心肺复苏了。

急救中心： 好的。我马上派车出发。请问您是医护人员吗？

李　　昊： 不是。我是医大的学生。

急救中心： 同学，您做得很棒。您会使用自动体外除颤器吗？

李　　昊： 会。工作人员已经去取了。

急救中心： 好的。请您先使用AED对患者进行电除颤。医护人员马上就到。

李　　昊： 好的。

（做人工呼吸后，患者仍无自主呼吸）

工作人员： AED来了！AED来了！

李　　昊： 请您帮我把他胸口的汗擦擦，我给他贴电极片。

9 胸外按压 xiōngwài ànyā to perform chest compressions

10 晕厥 yūnjué *v.* to suffer from syncope

11 休克 xiūkè *v.* to suffer from shock

12 自主 zìzhǔ *v.* to be spontaneous

13 不详 bùxiáng *adj.* not quite clear

14 心搏骤停 xīnbó zhòutíng sudden cardiac arrest

15 翻转 fānzhuǎn *v.* to turn over

16 仰卧位 yǎngwòwèi *n.* supine position

17 心肺复苏 xīnfèi fùsū cardiopulmonary resuscitation (CPR)

18 棒 bàng *adj.* excellent

19 电除颤 diànchúchàn *v.* to perform electric defibrillation

20 电极片 diànjípiàn *n.* electrode pad

（把电极片贴在患者身上）

张晶晶：好了。

李　昊：请大家离开，要对他进行电击除颤了！

21 电击　diànjī　*v.*　to give an electric shock

活动

答一答

（1）患者晕厥前有哪些症状？晕厥后呢？

（2）医科大学的学生做了哪些抢救工作？

（3）地铁站里有什么抢救设备？

说一说

小组讨论： 急救时，实施心肺复苏有哪几个步骤（bùzhòu，step）？给下面的操作（cāozuò，to operate）排序，并把序号写在下面的横线上。

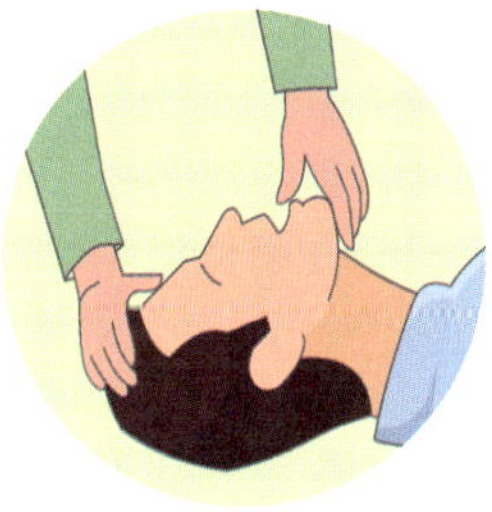

A. 开放气道

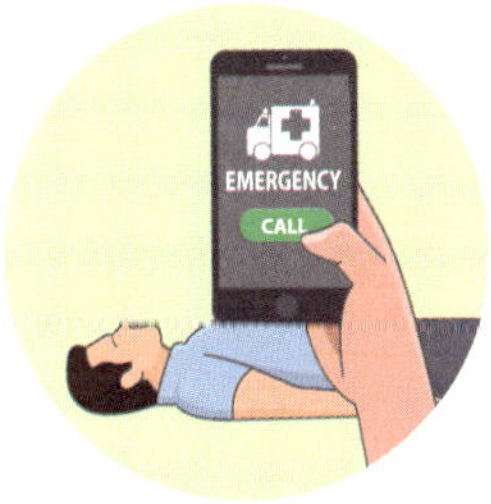

B. 打急救电话

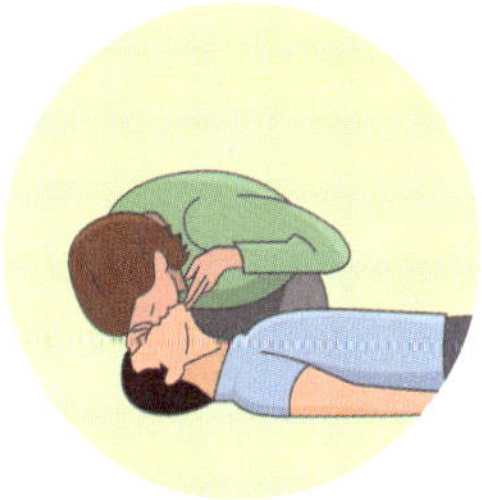

C. 人工呼吸

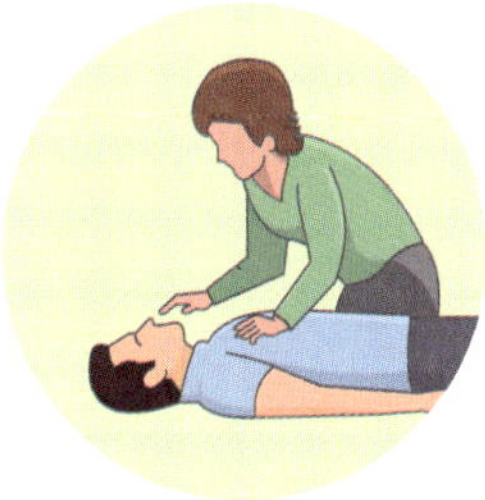

D. 判断意识与呼吸

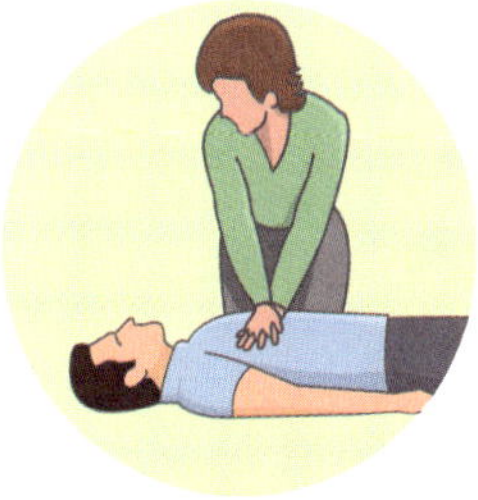

E. 胸外按压

操作步骤：____

读一读

读“AED 急救详解”，选择正确答案

AED 急救详解

只要“听它说，跟它做”，
即按照 AED 的语音提示和屏幕显示来操作。

1

开

AED 放患者左侧。
按下电源开关或掀开显示器盖子，
仪器会语音指导后面的操作。

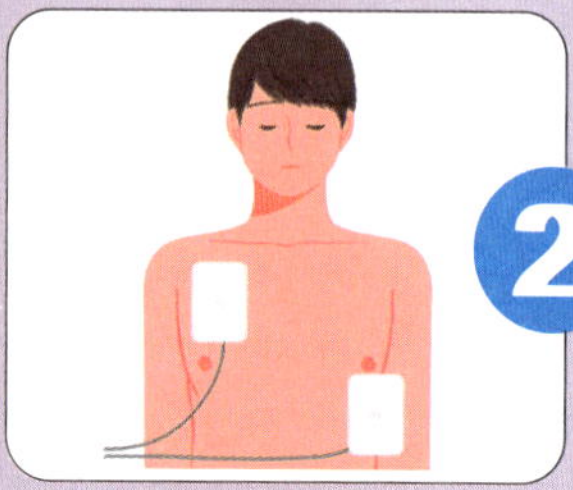

2

贴

电极片粘贴在患者胸部，
一个放在右上胸壁（锁骨下方），
一个放在左乳头外侧，
上缘距腋窝 7 cm 左右。

若患者出汗较多，应事先用毛巾擦干皮肤；
若患者胸毛较多，可用力压紧电极，若无效，应去除胸毛后再粘贴。

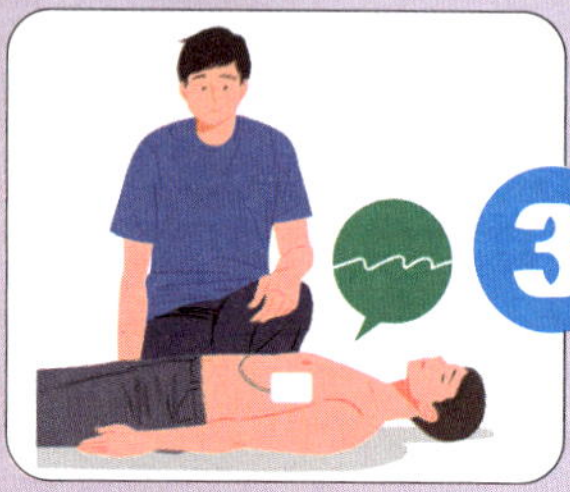

3

插

将电极片插头插入 AED 主机插孔，
开始分析心律，需 5～15 秒。

急救人员和旁观者应确保不与患者接触，避免影响仪器分析心律。

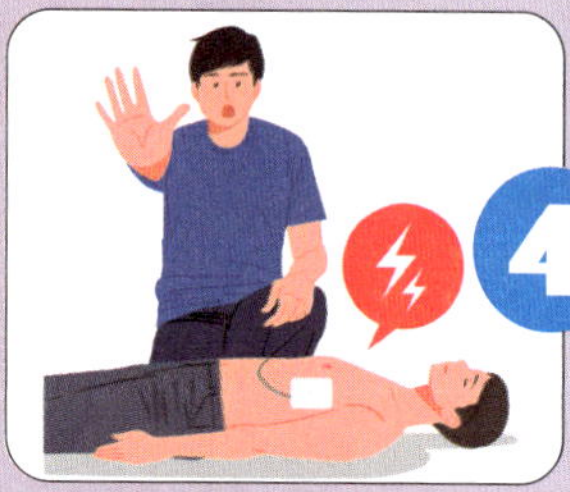

4

电

如果建议除颤，确保无人接触患者，
按下电极键。一次除颤后，应立刻继续心肺复苏（胸外按压和人工呼吸），
反复至急救人员到来。
如果分析不用除颤，则继续心肺复苏。

（1）给患者贴自动体外除颤器电极片时，应注意什么？

A. 确保都贴在锁骨下方　　B. 确保患者胸部干燥

C. 确保电极片充电　　D. 确保患者没有胸毛

（2）自动体外除颤器在给患者分析心律时，使用者应做什么？

A. 按下“电击”键　　B. 把患者胸部汗水擦干

C. 持续对患者进行心肺复苏　　D. 确保自己和周围人没有接触患者

任务二　心搏骤停患者的院内急救

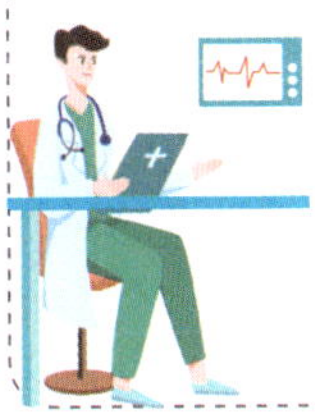

任务描述：描述急诊心搏骤停患者的抢救过程。

准备

语言点　介词：以

读一读

读句子，选择与句中加点词语意思一致的一项

急诊医生继续以 100 ～ 120 次 / 分的频率进行按压。

A. 可以　　B. 所以　　C. 按照　　D. 随着

学一学

“以”作为介词，常用来表示方式，有按照、根据的意思，后面一般为名词性短语。

例句

（1）飞机以 200 ～ 300 千米 / 时的速度起飞。

（2）患者心功能较差，医生要求以 10 ～ 20 滴 / 分的速度进行静脉输液。

（3）我们一般以 120 ～ 200 焦耳（jiāo’ěr，joule）的电压对患者进行除颤。

练一练

选出下列句中“以”意思不一样的一项

A. 人工授精是以人工的方式直接把精子注射入子宫腔

B. 医生建议不要以果汁代替水果，因为果汁中的纤维比新鲜水果少了许多，维生素也已被破坏，且含糖量较高

C. 据统计，目前网上购物的人数以每年 15% 的速度高速增长

示例

实习日志

- 日期：×× 年 ×× 月 ×× 日
- 实习医院：×× 医科大学附属第一医院
- 实习科室：急诊科

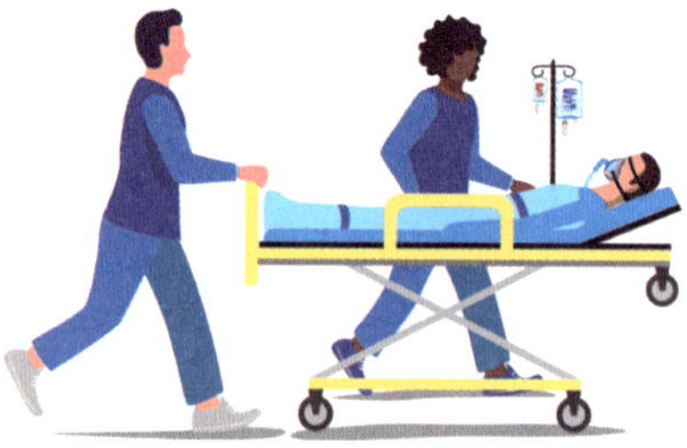

扫描二维码，获取课文和生词音频

今天是我在急诊科实习的第三天。晚上 9 点左右，救护车送来了一名急性心衰的患者。患者，男，32 岁，心搏骤停，病情危重。急救员描述到达现场时，患者心跳、呼吸暂停，已使用自动体外除颤器除颤 1 次，心肺复苏 5 分钟。急救员现场继续胸外按压，复苏气囊加压给氧，开放静脉通道。送医途中，患者再次出现室颤，急救员立即进行体外除颤 1 次，注射肾上腺素 1 次，1 mg。到达抢救室时，患者的生命体征为血压 70 / 40 mmHg，

生 词

1. 危重 wēizhòng *adj.* dangerous and severe
2. 暂停 zàntíng *v.* to suspend
3. 气囊 qìnáng *n.* Ambu bag
4. 加压 jiāyā *v.* to elevate pressure, to pressurize
5. 给氧 jǐyǎng *v.* to provide oxygen
6. 静脉通道 jìngmài tōngdào venous channel
7. 送医 sòngyī *v.* to send to hospital
8. 途中 túzhōng on the way
9. 室颤（心室颤动） shìchàn (xīnshì chàndòng) *n.* ventricular fibrillation
10. 肾上腺素 shènshàngxiànsù *n.* adrenaline

按压心率 110 次 / 分。因未与家属取得联系，请示上级医生后，为患者登记并开通抢救绿色通道。

急诊医生继续以 100 ～ 120 次 / 分的频率进行按压，每按压 30 次后进行 2 次气囊加压给氧，每 5 分钟静脉推注 1 次肾上腺素。患者家属到达医院，收到病危通知单后，情绪激动。医生让我去安慰一下儿患者家属，并询问是否同意为患者进行气管内插管。

经过 10 分钟抢救，患者面色转红，心电监护可见自主心律。患者胸廓出现了起伏，恢复自主心跳、呼吸和意识，暂时脱离生命危险。患者苏醒后，医生进一步询问病史。结合患者心电图、心脏彩超和血液检查结果，判断患者的心搏骤停是由心律失常引起的。征求患者家属意见后，请心内科会诊确定进一步的治疗方案。

11 请示　qǐngshì　*v.*　to ask for instructions
12 登记　dēngjì　*v.*　to register
13 开通　kāitōng　*v.*　to put into operation
14 绿色通道　lǜsè tōngdào　green channel
15 频率　pínlǜ　*n.*　frequency
16 静脉推注　jìngmài tuīzhù　intravenous push
17 病危　bìngwēi　*v.*　to be critically ill
18 安慰　ānwèi　*v.*　to comfort
19 气管内插管　qìguǎn nèi chāguǎn　to perform endotracheal intubation
20 胸廓　xiōngkuò　*n.*　thoracic cage
21 起伏　qǐfú　*v.*　to fluctuate
22 脱离　tuōlí　*v.*　to be out of
23 苏醒　sūxǐng　*v.*　to come to oneself
24 失常　shīcháng　*adj.*　abnormal
25 征求　zhēngqiú　*v.*　to ask for (opinions)
26 会诊　huìzhěn　*v.*　to hold a group consultation

Note:
肾上腺素

扫描二维码，获取注释内容

活动

答一答

（1）急救员到达现场后，做了什么？

（2）到达抢救室时，患者的生命体征怎么样？

（3）急诊医生做了什么？

（4）医生初步诊断患者出现心搏骤停的原因是什么？

说一说

（1）**小组讨论：**说一说心搏骤停患者的抢救措施有哪些。请在对应措施前的“□”里画“√”。如果你们认为还有其他措施，请写在下面。

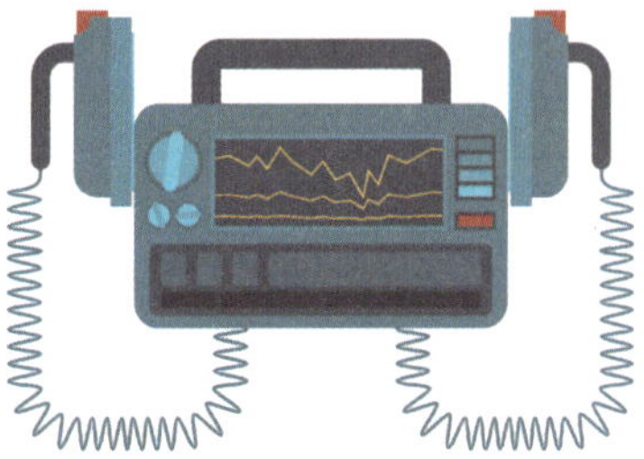

□ 电除颤

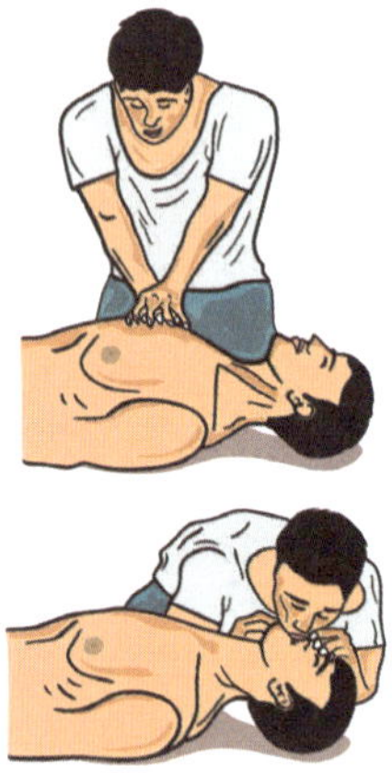

□ 心肺复苏

□ 肾上腺素推注

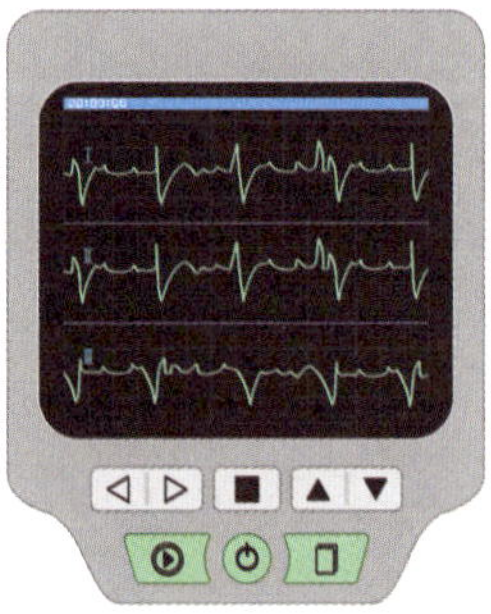

□ 心电监护

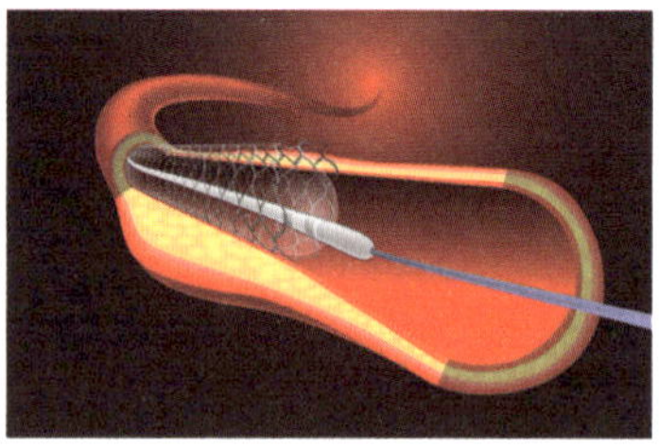

□ 植入支架

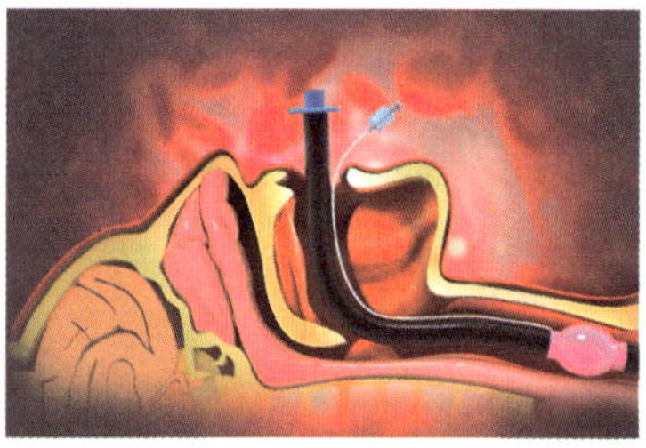

□ 气管内插管

其他措施：____

（2）**想一想：**下列两组句子中，A、B 两段话的意思一样吗？如果你要向上级医生汇报患者的情况，A、B 两种表述方式哪种更合适？两种表述方式有什么不一样？

① A：患者面色苍白，大汗淋漓，晕厥后失去意识，心跳、呼吸停止。

B：病人脸色发白，一直出汗，突然晕倒。晕倒后，病人神志不清，心跳和呼吸都没有了。

② A：我给他做了 30 次胸外按压后，又做了 2 次人工呼吸。确定他还是没有心跳和呼吸后，用 AED 除颤了 1 次。

B：经急救心肺复苏后，患者仍未恢复自主心跳和呼吸，行 AED 体外除颤 1 次。

（3）**成段表达：**请根据“任务二”的示例内容，说一说患者的抢救过程。

患者，32 岁，心搏……，病情……。院前急救进行胸外……、加压……等心肺复苏抢救。送医途中，患者再次出现……，行体外……1 次，注射……。到达……后，继续以……的……进行……，每……后进行 2 次……，每 5 分钟……1 次……。经过……，患者……转红，……可见……。……出现起伏，恢复……、……和……。

演一演

小组活动：两人一组，根据场景提示，使用下列词语模拟急救员和急诊医生的对话。

场景提示：救护车送来一名心搏骤停的患者，急诊医生向急救员询问患者情况。

生命体征、心搏骤停、电除颤、肾上腺素、胸外按压、心肺复苏、加压给氧、室颤、危重

任务操练

实践

发生心搏骤停后，如果患者没有得到及时抢救，脑组织会受到严重损害，危及生命。请你查一查相关资料，拍个科普小视频或者写一篇科普小短文，介绍一下儿可能造成心搏骤停的原因。

练习

（一）词语搭配

1. 心力
2. 心搏
3. 心肌
4. 心律
5. 心室

A. 梗死
B. 衰竭
C. 骤停
D. 颤动
E. 失常

（二）选择正确的词语填空

1. 患者（1）________苍白，大汗淋漓，无其他明显症状。突然倒地（2）________，神志不清，呼吸、脉搏（3）________。

（1）A. 颜色　B. 面色　C. 眼色　D. 肤色

（2）A. 晕厥　B. 卒中　C. 嗳气　D. 发绀

（3）A. 脆弱　B. 弱视　C. 衰弱　D. 微弱

2. 心肺复苏是对由于外伤、疾病、中毒（zhòngdú，to be poisoned）、意外低温、淹溺（yānnì，to suffer from drowning）或（1）________等，导致心跳、呼吸骤停的患者进行及时的重建或恢复（2）________呼吸和循环功能的一系列抢救（3）________。

（1）A. 电击　B. 电极　C. 电除颤　D. 电力

（2）A. 自费　B. 自由　C. 自主　D. 自理

（3）A. 现象　B. 任务　C. 措施　D. 实施

3. 急救员对患者进行了胸外（1）______、加压给氧、电除颤、肾上腺素（2）______等一系列抢救。最终，患者恢复了心跳、呼吸，慢慢（3）______过来了。

（1）A. 压力　B. 按压　C. 加压　D. 压迫

（2）A. 代替　B. 透析　C. 输入　D. 推注

（3）A. 苏醒　B. 昏迷　C. 休克　D. 痴呆

（三）用指定结构完成对话

1. 小张：老板怎么了？怎么那么生气？

小王：____。（A 着 A 着）

2. 医生：张大爷，____

[主语 + 把 + 宾语 + 动词（+ 一 / 了）+ 动词]，看看疼不疼。

老张：好的，这样抬起来不疼。

（四）阅读语段，选择与语段意思一致的一项

1. 心肺复苏是在患者心跳、呼吸骤停后，所采取的尽快恢复其自主呼吸和循环功能的急救措施。实施心肺复苏时，应以 100 ～ 120 次 / 分的频率进行胸外按压，每按压 30 次后进行 2 次人工呼吸。如患者心跳、呼吸未恢复，继续重复以上步骤。

A. 心肺复苏主要是为了恢复患者的自理能力

B. 胸外按压的频率应不超过 100 次 / 分

C. 实施心肺复苏时，应先对患者进行 30 次胸外按压，然后进行 2 次人工呼吸

2. 心搏骤停是指由各种原因引起的心脏突然停跳。心脏停跳后，射血突然终止，心脑等重要器官的血流也会中断。一般情况下，只要连续停跳 6 秒左右，大脑的供血就会出现严重不足，患者就可能出现昏迷、休克等症状。有些患者还会出现室颤等恶性心律失常，发生心脏性猝死。

A. 出现心搏骤停的患者一般都有心脏病

B. 心脏停跳一段时间后才会出现大脑供血严重不足

C. 室颤是一种恶性心律失常

（五）写作练习

请根据“任务一”和“任务二”的示例内容，填写病危（重）通知书。

XX 医科大学附属第一医院

病危（重）通知书

尊敬的患者家属或患者的代理人（dàilǐrén，agent）：

您好！患者王宇现在我院 __________ 科住院治疗。

目前情况为 ____

____。

虽然医护人员积极救治，但目前患者 ____________________，并且病情有可能 ____________________，随时会 ____________________。

一旦出现严重威胁患者生命的情况，医护人员将会全力救治，对患者进行包括气管切开（qìguǎn qiēkāi，tracheotomy）、呼吸机辅助呼吸、电除颤、心脏按压、安装临时起搏器（qǐbóqì，pacemaker）等救治措施。

根据我国法律规定，为抢救患者，医生可以在征得您同意的情况下根据救治工作需要先采取抢救措施，并使用应急救治所必需的仪器设备和治疗手段，然后履行告知义务，请您予以理解并积极配合医院的抢救治疗。

医师签名：　　　　　　签名时间：____ 年 ___ 月 ___ 日 ___ 时 ___ 分

患者家属或患者的代理人意见：

关于患者目前的＿＿＿＿＿＿＿＿＿＿＿＿＿＿＿＿，以及医护人员对患者病情危重时＿＿＿＿＿＿＿＿＿＿，医护人员已向我详细告知。我已了解＿＿＿＿＿＿＿，并同意＿＿＿＿＿＿＿＿＿＿＿＿。

患者家属或患者的代理人签名：　　　　与患者关系：

签名时间：＿＿年＿＿月＿＿日＿＿时＿＿分

拓展学习

一、词汇

心脏传导（chuándǎo，conduction）相关词语

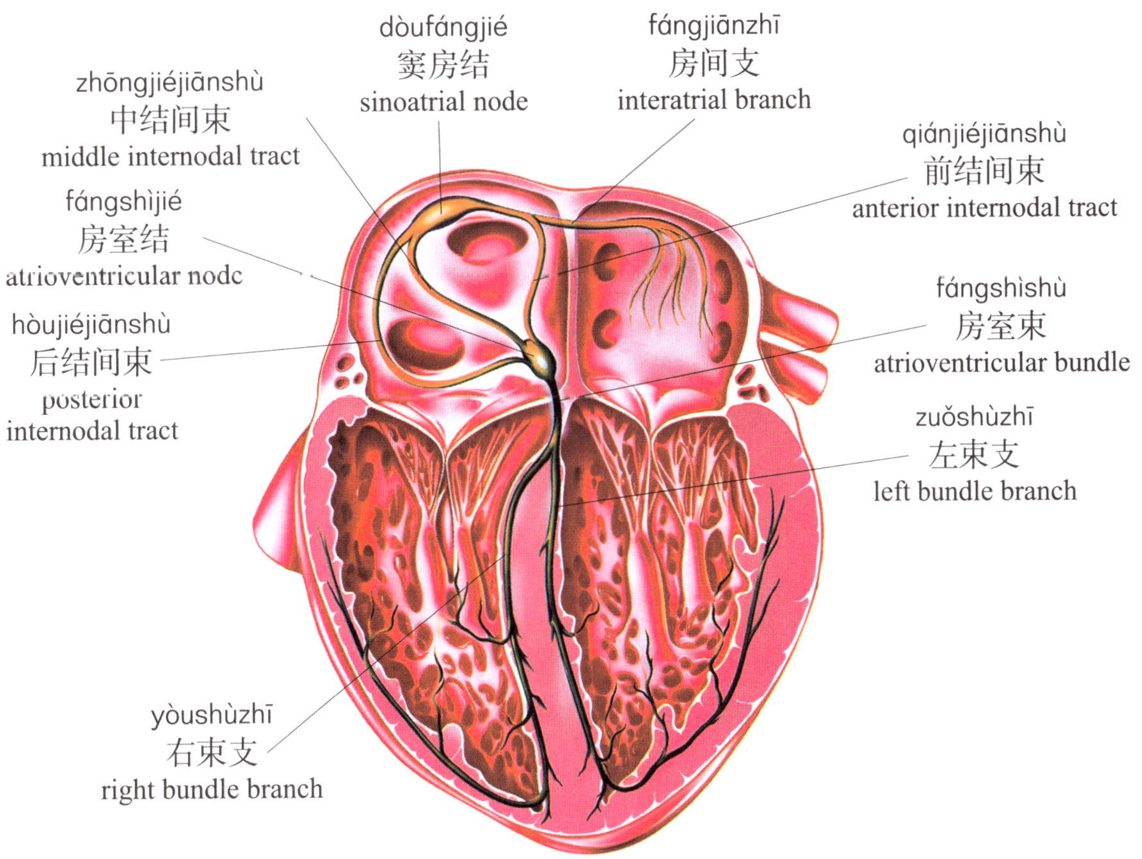

二、阅读

“救命神器”AED

自动体外除颤器可以通过对人体的特定区域进行电击，使人体心脏恢复正常的心跳节律，是一种可供非医护人员使用的急救设备。自动体外除颤器具有体积小、重量轻、便于携带、易于操作等特点，普通人经过培训和学习也能够熟练使用，是室颤等原因导致的心搏骤停的“救命神器”。

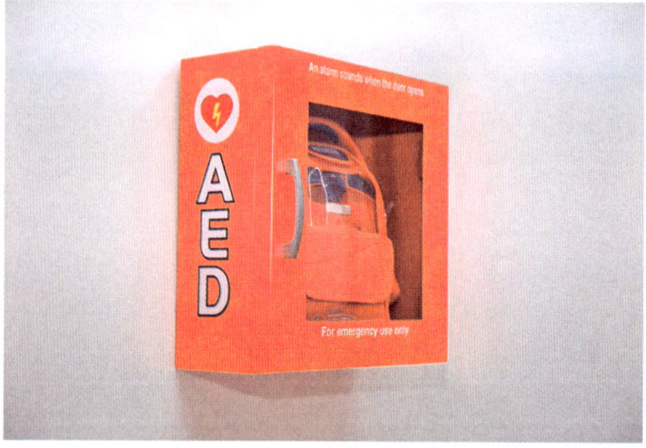

国家心血管病中心统计数据显示，中国每年发生心脏性猝死约50万例。当心搏骤停发生时，心脏无法向大脑输送血液，在很短时间内，脑组织就会因缺血、缺氧而坏死。因此，心搏骤停的抢救越早越好。临床上认为，心搏骤停抢救的黄金时间是发病后的4～6分钟。每延误1分钟，抢救的成功率就会下降10%。如果心搏骤停1分钟内实施抢救，成功率可高达90%。如果心脏停跳8～10分钟，抢救的成功率则降到20%以下，即使抢救成功，脑组织也会发生永久性损害，可能出现脑死亡。如果心脏停跳超过10分钟才开始抢救，患者的死亡率几乎为100%。因此，在医护人员到达抢救现场前，及时对心搏骤停患者实施心肺复苏，并使用自动体外除颤器进行急救，能最大可能地挽救患者生命。

为了完善公共场所急救设施、设备配置，落实国家《健康中国行动（2019—2030年）》，国家卫生健康委员会发布了《公共场所自动体外除颤器配置指南（试行）》，建议在城市轨道交通、长途车、铁路列车、飞机以及交通场站、大型企事业机关单位、工厂车间、城市广场、教育和培训机构、养老机构、社区、体育和文化娱乐场所、大型商超、酒店、旅游景点、学校、幼儿园等人员密集场所和警车、消防车等应急车辆内，逐步推进自动体外除颤器配置工作。目前，在中国许多城市的地铁站、火车站以及飞机场等地方，都能看到自动体外除颤器。除了推进在公共场所配置自动体外除颤器以外，中国红十字会、急救中心、医院等机构也广泛开展心肺复苏等基本急救技能培训，普及急救知识，提升和增强社会公众的急救意识和能力。

（一）重要医学词语

1. 体积	tǐjī	*n.*	volume
2. 熟练	shúliàn	*adj.*	skillful
3. 输送	shūsòng	*v.*	to transport
4. 永久性	yǒngjiǔxìng	*adj.*	permanent
5. 脑死亡	nǎosǐwáng	*n.*	brain death
6. 配置	pèizhì	*v.*	to configure
7. 应急	yìngjí	*v.*	to meet an emergency

（二）阅读材料，选择正确答案

1. 据统计，中国每年发生心脏性猝死的病例数量：

A. 约 5 万例　　B. 接近 15 万例

C. 超过 25 万例　　D. 大概 50 万例

2. 心脏停跳多长时间会对脑组织造成永久性损害？

A. 1 分钟　　B. 4 分钟　　C. 6 分钟　　D. 9 分钟

3. 根据文章内容，下列哪项正确？

A. 自动体外除颤器主要是供非医护人员使用的急救设备

B. 心脏停跳超过 10 分钟开始抢救，抢救的成功率只有 20% 左右

C. 心搏骤停的抢救开始得越早，抢救的成功率就越高

D. 使用自动体外除颤器可以避免心搏骤停患者出现脑死亡

4. 关于中国的自动体外除颤器配置情况，下列哪项正确？

A. 中国已经在全国范围内的城市公共场所都配置了自动体外除颤器

B. 在中国，主要由各地的红十字会负责自动体外除颤器配置工作

C. 建议在公共交通、旅游景点、大型商超以及学校等人员密集场所和警车、消防车等应急车辆内配置自动体外除颤器

D. 中国各地的红十字会每年都会开展心肺复苏等基本急救技能培训

自我评估

一、生词知多少

你认识下列词语吗？如果认识，请在词语前的“□”里画“√”；如果不认识，请再复习复习。

□ 医科	□ 棒	□ 绿色通道	□ 登记
□ 开通	□ 安慰	□ 请示	□ 征求
□ 不详	□ 翻转	□ 暂停	□ 途中
□ 频率	□ 送医	□ 自主	□ 胸廓
□ 急促	□ 危重	□ 病危	□ 苍白
□ 急救	□ 晕厥	□ 休克	□ 室颤（心室颤动）
□ 自动体外除颤器	□ 电除颤	□ 电击	□ 电极片
□ 气囊	□ 加压	□ 给氧	□ 肾上腺素
□ 静脉推注	□ 静脉通道	□ 失常	□ 心跳
□ 气管内插管	□ 胸外按压	□ 心搏骤停	□ 心肺复苏
□ 仰卧位	□ 大汗淋漓	□ 神志不清	□ 苏醒
□ 会诊	□ 起伏	□ 脱离	

掌握了 25 个以上：非常好，为你点赞！

掌握了 20 ～ 25 个：不错，继续努力！

掌握了 19 个及以下：好好复习，下次加油！

二、你知道怎么说吗？

你知道下列几种情况应该怎么说吗？如果知道，请在句子前的“□”里画“√”。

□ 描述心搏骤停患者的主要症状。

□ 说明或介绍心搏骤停患者抢救的主要措施。

第十三课

不管花多少钱，我也要救我儿子

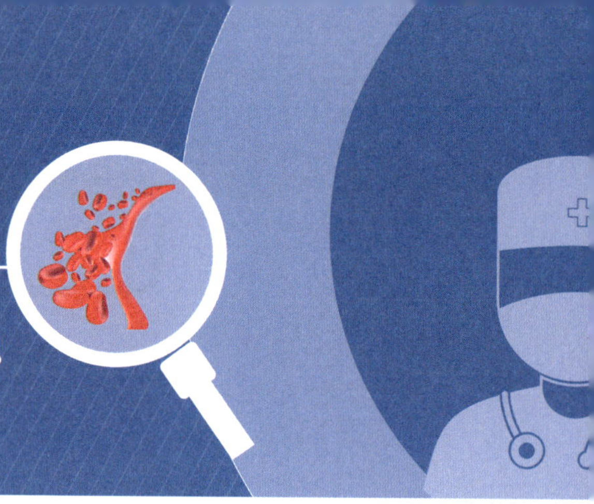

主题热身

一、给下列词语选择对应的图片

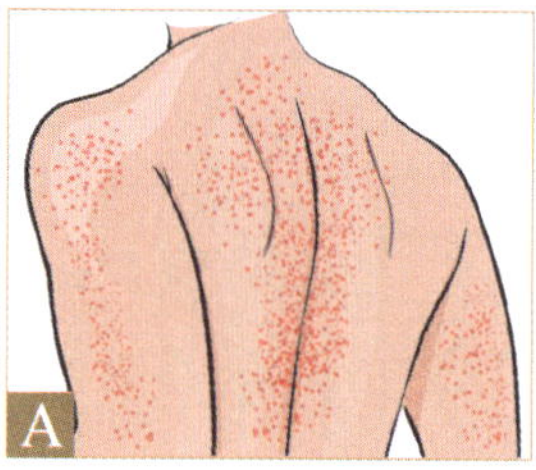

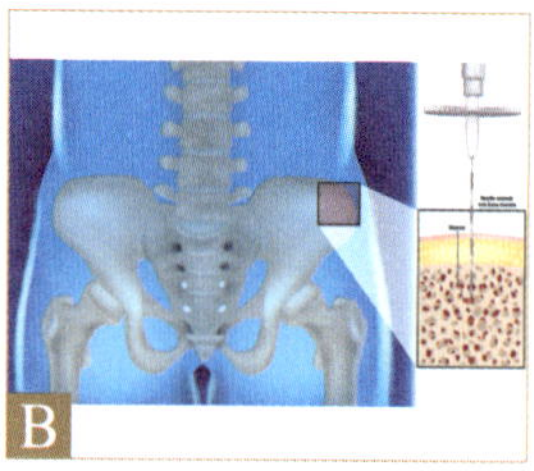

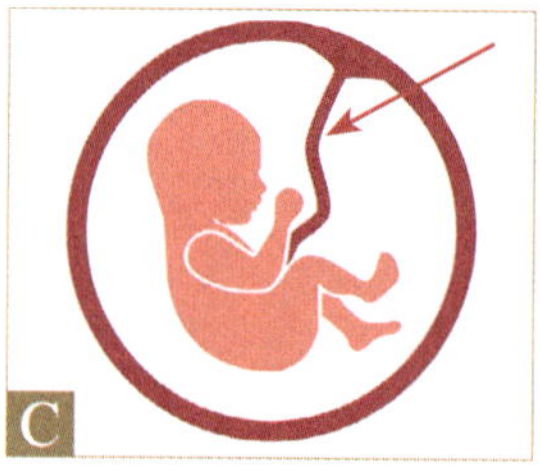

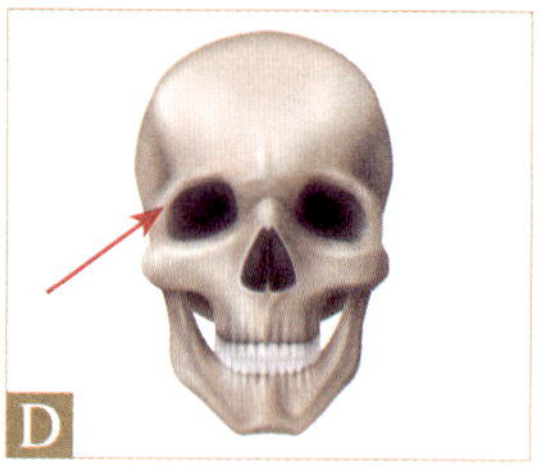

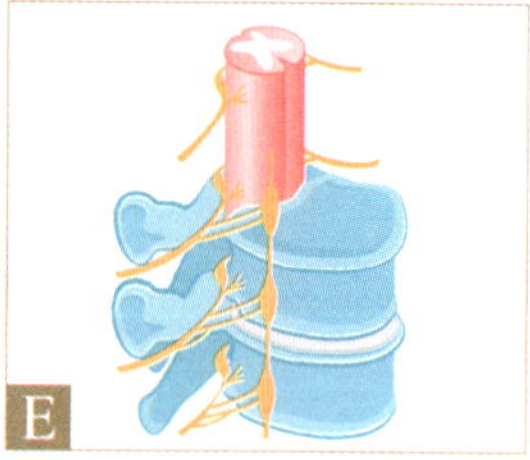

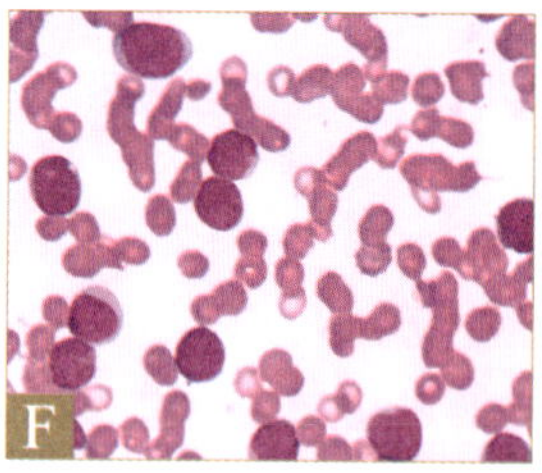

1. 外周血涂片________　　2. 脐带________　　3. 骨穿________

4. 眼眶____________　　5. 紫癜________　　6. 脊髓________

二、听对话，选择正确答案

1. 对话的两个人可能是什么关系？

A. 同事　　B. 夫妻　　C. 医患

2. 他们最近做什么了？

A. 生病了　　B. 搬家了　　C. 换学校了

3. 小宝最近出现了哪些症状？

A. 疲劳、发热　　B. 失眠、食欲不振

C. 流鼻血、肌肉酸痛

扫描二维码，获取听力音频

任务学习

任务一　急性髓系白血病的诊断与治疗

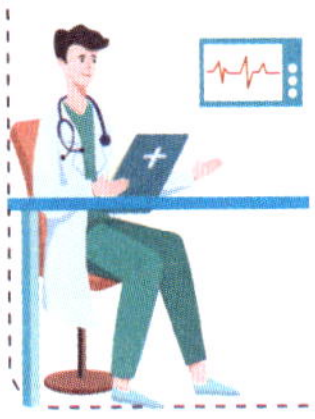

任务描述： 向急性髓系白血病患者家属说明患者病情和可能的治疗方案。

准备

语言点 1　口语格式：× 就是了

读一读

读句子，选择与句子意思一致的一项

您看需要做什么检查，做就是了。

A. 患者需要做的检查已经做完了

B. 患者需要做的检查做不做，家属要考虑一下儿

C. 患者需要做的检查，家属全部同意做

学一学

"× 就是了"是一种口语表达格式，常用于提出某种解决办法或处理方式，一般用在句子结尾，表达一种不用犹豫或怀疑的肯定语气。"就是了"前面可以是单个动词，也可以是一个短语。

例句

（1）你有什么意见，说就是了。

（2）这有什么好吵的，再去买一个就是了。

（3）这个肿瘤是良性的，做手术切除就是了。

练一练

用“X 就是了”完成句子

（1）你别生气了，________________。

（2）既然你这么想，________________。

（3）这只是个小毛病，________________。

语言点 2 条件复句：不管……，都 / 也……

读一读

读句子，选择与句子意思一致的一项

不管花多少钱，我都要救我儿子。

A. 为了救儿子，花多少钱都可以

B. 要花多少钱才能救我儿子

C. 我已经花了很多钱来救儿子了

学一学

“不管……，都 / 也……”常用于条件复句。前一小句中，“不管”一般放在句首，用疑问代词或“（有 +）多 + 形容词”等结构来强调任何条件；后一小句用“都 / 也”连接，表结果。整个复句表示在任何条件下都会产生同样的结果。

例句

（1）不管我怎么劝，他都不肯把烟戒了。

（2）不管这件事有多难，我都要办成。

（3）不管看到多晚，王主任都会把门诊的病人看完。

练一练

用“不管……”完成句子

（1）________________，我也要给我妈妈治病。

（2）________________，我都要试一试。

（3）________________，他也不同意接受治疗。

示例

- 科室：血液科（住院部）
- 主治医师：王良
- 患者家属：李艳莉（患者母亲）

扫描二维码，获取课文和生词音频

李艳莉： 王医生，孩子的骨髓穿刺标本已经送去好几天了，结果出来了吗？

王　良： 我正要去病房找您呢，骨穿结果出来了。结合他的临床表现、骨髓象以及门诊血常规、外周血涂片检查的结果来看，可以确诊是急性髓系白血病。

李艳莉： 天啊！怎么会得白血病啊！这可怎么办啊？王医生，求求您，您一定要救救我儿子啊！

王　良： 您先冷静冷静，我们一定会尽全力治疗的。

李艳莉： 那现在我们要怎么办呢？

王　良： 接下来，我们还要给他做一系列的检查来确定他的白血病分型和分期。这样才能判断预后，进行更有针对性的治疗。

生词

1. 骨髓穿刺（骨穿） gǔsuǐ chuāncì (gǔchuān) bone marrow aspiration
2. 标本 biāoběn *n.* specimen
3. 骨髓象 gǔsuǐxiàng *n.* bone marrow smear
4. 外周血涂片 wàizhōuxuè túpiàn *n.* peripheral blood smear
5. 急性髓系白血病 jíxìng suǐxì báixuèbìng acute myeloid leukemia (AML)
6. 尽全力 jìn quánlì to try one's best
7. 一系列 yíxìliè *adj.* a series of
8. 分型 fēnxíng *n.* type
9. 针对性 zhēnduìxìng *adj.* targeted

李艳莉：王医生，我听说白血病都是治不好的，是不是啊？

王 良：很多急性髓系白血病的患者经过治疗，预后有很大的改善，还是有希望长期生存的。

李艳莉：好的好的。您看需要做什么检查，做就是了。王医生，不是说做骨髓移植可以治疗白血病吗？小宝现在可不可以做啊？

王 良：您说的是造血干细胞移植。造血干细胞移植确实是根治白血病的方法之一。但需不需要移植还要等前期检查结果出来后才能确定。同时，能不能移植还要看是否能找到合适的供体。另外，移植的费用很高，您也要考虑一下儿是否能够承担。

李艳莉：不管花多少钱，我都要救我儿子。我可以先去做个配型吗？

王 良：您先别着急，目前他需要进行抗感染和相应的支持治疗。等分型结果出来了，我们才能确定具体的治疗方案。如果确实需要进行

10 造血干细胞 zàoxuè gànxìbāo *n.* hematopoietic stem cell

11 供体 gōngtǐ *n.* donor

12 承担 chéngdān *v.* to undertake

13 配型 pèixíng *v.* to match

14 抗感染 kànggǎnrǎn *v.* to be anti-infectious

移植治疗，到时您可以让孩子的近亲属都来做个配型。如果近亲属配型不成功，我们还可以通过中华骨髓库来寻找非亲缘供体，或者做脐带血移植。

15 近亲属　jìnqīnshǔ　*n.*　close relative
16 中华骨髓库　Zhōnghuá Gǔsuǐkù　*n.*　China Marrow Donor Program (CMDP)
17 寻找　xúnzhǎo　*v.*　to seek
18 非亲缘供体　fēiqīnyuán gōngtǐ　unrelated donor
19 脐带血　qídàixuè　*n.*　umbilical cord blood

活动

答一答

（1）患者做了哪些检查？初步诊断是什么类型的白血病？

（2）患者家属想给患者做什么治疗？

（3）如果患者需要做移植治疗，可以通过哪些方式进行配型？

说一说

小组讨论：你们认为患者需要做下列哪些检查才能确诊白血病？请在对应检查前的“□”里画“√”。如果你们认为还需要做其他检查，请写在下面。

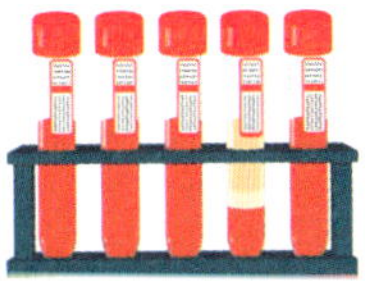

□ 血常规

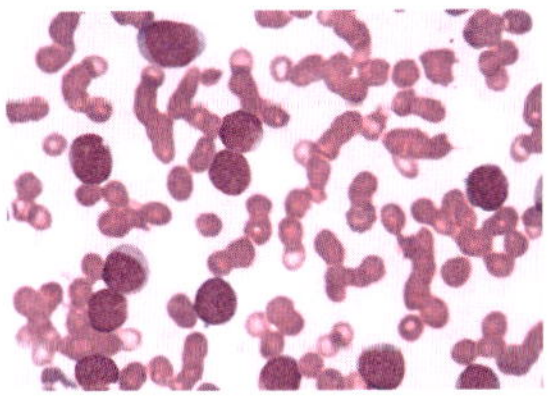

□ 外周血涂片

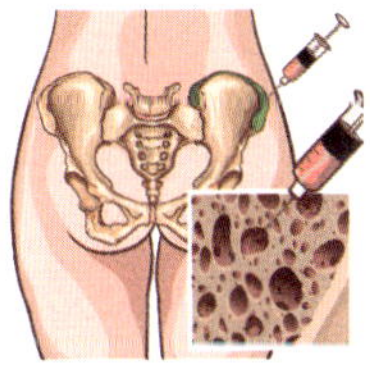

□ 骨髓穿刺

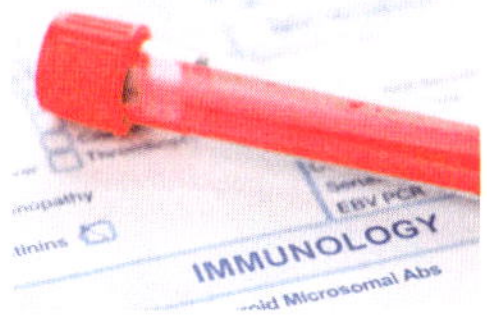

□ 免疫学检查

□ 细胞遗传学检查

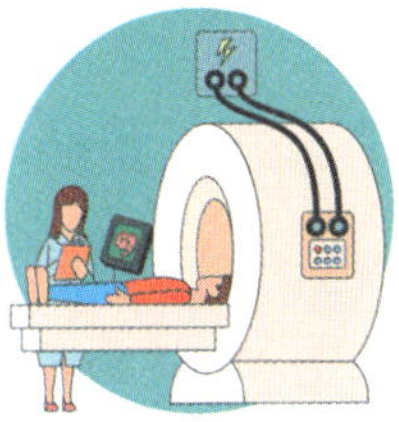

□ CT 检查

其他检查：____

读一读

读报告单，选择正确答案

骨髓细胞检查报告单

姓名：陈子轩　　性别：男　　年龄：13 岁　　申请科室：血液科（病区床号：40031）
取材部位：髂后　　取材日期：×× 年 ×× 月 ×× 日　　临床诊断：全血细胞减少

系统	分类	细胞名称	血片（%）	髓片 参考范围	髓片 %
粒细胞系统		原始粒细胞		0.12 ～ 0.76	
		早幼粒细胞		0.71 ～ 1.93	
	中性粒细胞	中幼		5.69 ～ 10.71	1.0
		晚幼		9.29 ～ 16.47	
		杆状核	8.0	12.39 ～ 20.33	
		分叶核	34.0	10.76 ～ 20.10	
	嗜酸粒细胞	中幼		0.09 ～ 0.75	
		晚幼		0.25 ～ 1.37	
		杆状核		0.01 ～ 0.75	
		分叶核		0.26 ～ 2.36	
	嗜碱粒细胞	中幼		0 ～ 0.07	
		晚幼		0 ～ 0.08	
		杆状核			
		分叶核		0.01 ～ 0.19	
红细胞系统		原始红细胞		0 ～ 0.78	
		早幼红细胞		0.24 ～ 1.34	0.5
		中幼红细胞		5.91 ～ 10.81	0.5
		晚幼红细胞		6.96 ～ 14.02	
		早巨红细胞			
		中巨红细胞			
		晚巨红细胞			
淋巴细胞系统		原始淋巴细胞			
		幼稚淋巴细胞		0 ～ 0.36	
		成熟淋巴细胞	52.0	14.39 ～ 26.25	3.0
		异型淋巴细胞			
单核细胞系统		原始单核细胞	2.0		81.5
		幼稚单核细胞	2.0		12.5
		成熟单核细胞	2.0	0.25 ～ 2.03	0.5
浆细胞系统		原始浆细胞			
		幼稚浆细胞			
		成熟浆细胞		0.22 ～ 0.88	0.5
其他细胞		组织细胞		0.04 ～ 0.52	
		组织嗜碱细胞			
		内皮细胞			
		分类不明确细胞			
		吞噬细胞			
		毛细胞			
		幼稚细胞			
		淋巴瘤细胞			
		转移瘤细胞			
血片共数白细胞			100 个	髓片共数有核细胞	200 个

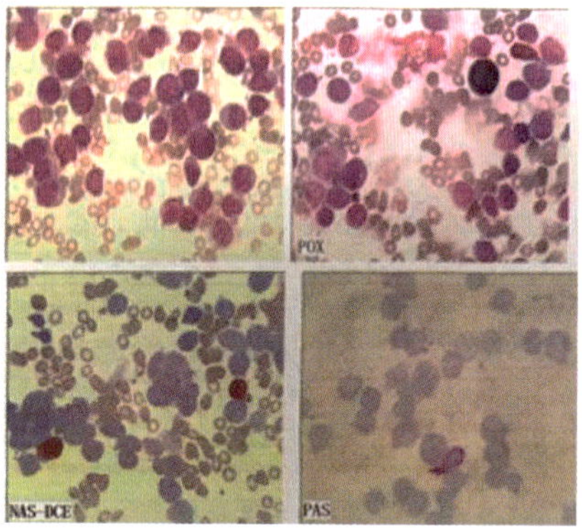

分析：

骨髓涂片

取材一般，涂片一般，染色一般

1. 有核细胞增生极度活跃，粒系占 1.0%，红系占 1.0%，粒 : 红 =1.0 : 1.0。
2. 粒系增生受抑。
3. 红系增生受抑。成熟红细胞同血片。
4. 淋巴细胞比例减低。
5. 原幼单核细胞占 94.0%，胞体大小不等，胞质呈灰蓝色，可见空泡及伪足；核圆形，染色质疏松呈细丝网状，核仁 1 ～ 3 个。
6. 全片见巨核细胞 221 个，血小板少见。
7. 未见血液寄生虫。
8. 细胞化学染色：
   POX：阴性（自身对照阳性）。
   热盐水：阴性（自身对照阳性）。
   NAS-DCE：阴性（自身对照阳性）。
   PAS：阳性率 99%，积分 136（+64++33+++2）。
   α-NAE：阳性率 29%，积分 31（+27++2）。
   +NAF：阴性（自身对照阳性）。

血涂片

涂片一般，染色一般，白细胞数减低，原幼单核细胞占 4.0%，成熟红细胞部分大小不等，中心浅染。血小板少见。寄生虫未见。

意见：

髓象结合细胞化学染色提示：急性单核细胞白血病（M5a）。

接收日期：×× 年 ×× 月 ×× 日　　报告日期：×× 年 ×× 月 ×× 日
诊断医生：陈荣　　审核医生：李在其

（1）患者骨髓穿刺的位置是：

A. 髂骨　　B. 腰椎　　C. 胸骨　　D. 肋骨

（2）患者的骨髓涂片和血涂片均发现：

A. 成熟红细胞较多　　B. 淋巴细胞数增多

C. 血小板少见　　D. 白细胞比例减低

任务二　急性白血病的临床表现

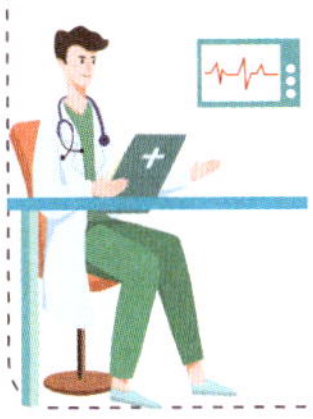

任务描述： 内科学教师讲授血液病这一章节中急性白血病的临床表现。

准备

语言点　连词：从而

读一读

读句子，选择与句中加点词语意思一致的一项

急性白血病患者骨髓中的原始细胞和幼稚细胞大量增殖，从而导致正常的血细胞生成减少，骨髓正常的造血功能受到抑制。

A. 则　　B. 因为　　C. 因而　　D. 却

学一学

连词“从而”一般用于后一小句句首，表示结果或接下来的做法，前一小句是后一小句的原因或者条件。多用于书面语。

例句

（1）他给病人做了全面的肺功能检查，从而排除了慢阻肺的可能。

（2）使用 AED 可以及时对室颤患者进行电除颤，从而有效提高心搏骤停患者抢救的成功率。

（3）很多人喜欢躺在床上看电视，这样容易一直保持一个固定的姿势，从而引起肌肉痉挛。

练一练

用“从而……”完成句子

（1）多囊卵巢综合征可引起内分泌代谢异常，______________________________。

（2）胃食管反流病会出现胃酸反流至食管，______________________________。

（3）患者未按时服用降糖药，血糖控制不佳，______________________________。

示例

- 地点：教室
- 临床老师：陈刚
- 课程：内科学

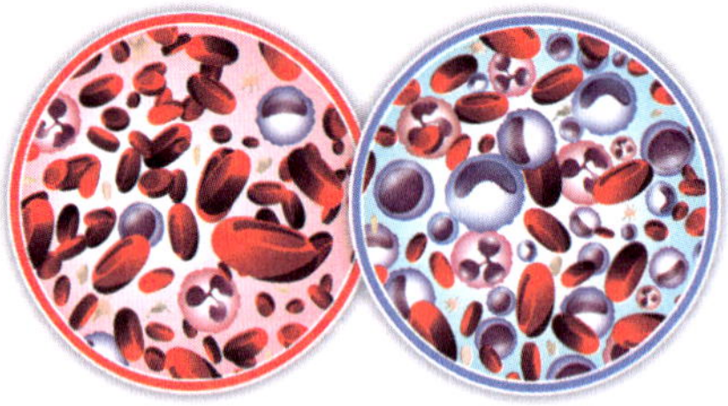

扫描二维码，获取课文和生词音频

昨天我们学习了白血病的分类，今天我们就来讲一讲急性白血病。

急性白血病的临床表现主要为贫血、出血、发热和浸润，病情发展迅速，如不经特殊治疗，平均生存期仅三个月。

急性白血病患者细胞分化阻滞在较早阶段，骨髓中的原始细胞和幼稚细胞

生 词

1. 分类 fēnlèi *v.* to classify
2. 浸润 jìnrùn *v.* to infiltrate
3. 特殊 tèshū *adj.* special
4. 分化 fēnhuà *v.* to differentiate
5. 阻滞 zǔzhì *v.* to stagnate
6. 原始细胞 yuánshǐ xìbāo *n.* blast cell
7. 幼稚细胞 yòuzhì xìbāo *n.* juvenile cell

大量增殖，从而导致正常的血细胞生成减少，骨髓正常的造血功能受到抑制。

血细胞中的红细胞生成减少，就会导致患者出现面色苍白、乏力、眩晕等贫血症状；粒细胞和淋巴细胞生成减少，会使患者免疫力降低，出现发热、咳嗽、尿痛、腹痛等继发感染症状；而具有止血功能的血小板生成减少则会导致患者出现皮肤紫癜、牙龈出血、月经过多、眼底出血等症状。

除了贫血、感染和出血症状外，大多数急性白血病患者还会出现淋巴结和肝脾浸润，一般表现为淋巴结肿大、肝脾肿大。此外，常见的白血病细胞浸润还出现在骨骼和关节、口腔和皮肤、眼部，以及中枢神经系统。其中，骨骼和关节浸润会引起胸骨下端压痛、关节和骨骼疼痛；口腔浸润会使患者出现牙龈增生、肿胀；而皮肤浸润会使患者皮肤出现蓝灰色斑丘疹。有些急性白血病患者会出现眼眶部骨膜浸润，形成绿色瘤。这可能导致患者眼球突出、复视或失明。

8 生成　shēngchéng　*v.*　to generate

9 眩晕　xuànyùn　*v.*　to feel dizzy

10 继发　jìfā　*v.*　to secondarily occur

11 紫癜　zǐdiàn　*n.*　purpura

12 眼底　yǎndǐ　*n.*　fundus of eye

13 中枢神经系统　zhōngshū shénjīng xìtǒng　*n.*　central nervous system (CNS)

14 蓝灰色　lánhuīsè　*n.*　dusty blue

15 斑丘疹　bānqiūzhěn　*n.*　maculopapule

16 眼眶　yǎnkuàng　*n.*　eye socket

17 骨膜　gǔmó　*n.*　periosteum

18 绿色瘤　lǜsèliú　*n.*　chloroma

19 复视　fùshì　*n.*　diplopia

20 失明　shīmíng　*v.*　to be blind

中枢神经系统浸润则会表现为头痛、恶心、呕吐、抽搐、昏迷等。脊髓浸润还可能导致患者截瘫、大小便失禁。当然，除了上述部位，白血病细胞还会广泛浸润人体其他脏器，从而导致患者出现相应的症状和表现。

㉑ 脊髓 jǐsuǐ *n.* spinal cord
㉒ 截瘫 jiétān *v.* to suffer from paraplegia
㉓ 失禁 shījìn *v.* to suffer from incontinence
㉔ 脏器 zàngqì *n.* viscera

Note:
1. 紫癜 2. 复视

扫描二维码，获取注释内容

活动

答一答

（1）急性白血病如不进行特殊治疗，自然病程有多长？
（2）为什么急性白血病患者的骨髓造血功能会被抑制？
（3）急性白血病主要表现为哪几种征象？

说一说

（1）**小组讨论：**说一说急性白血病患者可能出现哪些临床表现。

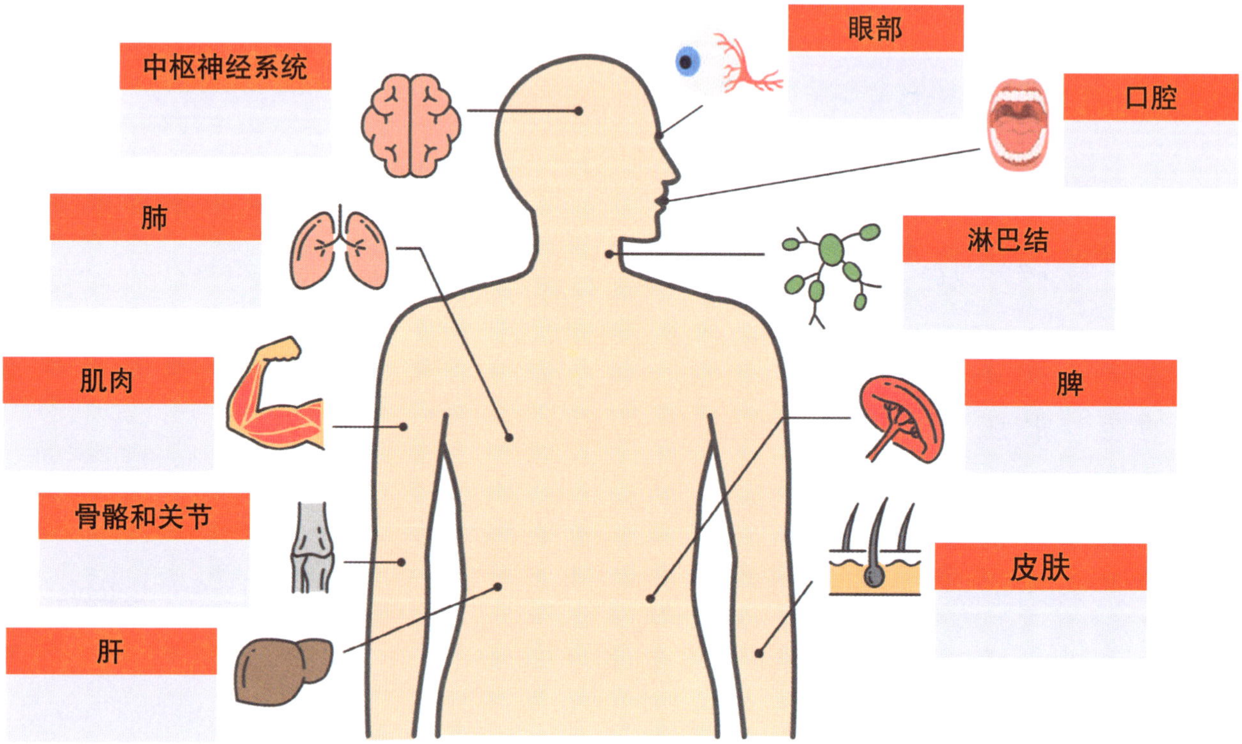

（2）**想一想**：下列两组句子中，A、B 两段话的意思一样吗？如果你要向上级医生汇报患者的情况，A、B 两种表述方式哪种更合适？两种表述方式有什么不一样？

① A：患者出现了面色苍白、乏力的贫血症状以及皮肤紫癜、月经过多的出血症状。

B：病人脸色发白，皮肤有青紫色斑。她说最近总感觉很累，没有什么力气，特别是来月经的时候，月经量比以前多很多。

② A：从 CT 结果来看，病人眼眶的肿块可能是绿色瘤。这说明白血病细胞已经浸润了骨膜。

B：CT 诊断患者双眼肿物为可疑绿色瘤，提示患者出现骨膜浸润。

（3）**成段表达**：请根据“任务二”的示例内容，介绍一下儿急性白血病的临床表现。

急性白血病的临床表现主要为……、……、……和……。患者正常红细胞……，从而出现……、……、……等贫血症状；……减少，会出现……、……、……、……等继发感染症状；血小板减少，会出现……、……、……、……等症状。此外，大多数急性白血病患者还会出现……和……，一般表现为……、……。骨骼和关节……会使患者出现……、……；口腔……会使患者……、……；而皮肤……会使……。有些患者会出现眼眶部……，形成……。这可能导致……、……或……。中枢神经系统浸润则会表现为……、……、……、……、……等。脊髓浸润还可能导致患者……、……。

演一演

小组活动：两人一组，根据场景提示，使用下列词语模拟患者家属与医生的对话。

场景提示：医生与患者家属谈话，说明患者现在的病情和可选的治疗方案。

骨髓象、骨穿、分型、涂片、近亲属、急性髓系白血病、造血干细胞、贫血、浸润、绿色瘤、紫癜

任务操练

实践

造血干细胞移植是一种可能根治包括急性白血病在内的血液系统恶性肿瘤和遗传性疾病的治疗方法。造血干细胞移植可采用亲缘供体，也可采用非亲缘供体。请你查一查相关资料，看看捐献造血干细胞是否会对捐献者的健康造成影响，并制作一张有关捐献造血干细胞志愿活动的中文海报。

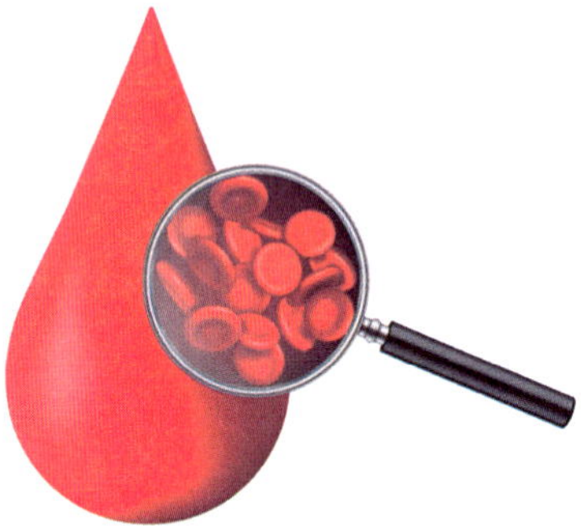

练习

（一）词语搭配

1. 皮肤
2. 淋巴结
3. 细胞
4. 骨髓
5. 双眼

A. 失明
B. 肿大
C. 紫癜
D. 分化
E. 移植

（二）选择正确的词语填空

1. 我们一定会尽（1）________治疗的。很多急性髓系白血病的患者经过治疗，预后还是有很大（2）________的。有30%到50%的患者还是有希望长期（3）________的。

（1）A. 努力　B. 全力　C. 力气　D. 力量
（2）A. 改善　B. 改变　C. 改进　D. 改正
（3）A. 生活　B. 活动　C. 生存　D. 存在

2. 目前患者还需要做一（1）________的检查，来确定他的白血病分型和分期。同时，他还需要进行抗感染和（2）________的支持治疗。等患者的检查结果出来了，我们会为他制订（3）________的治疗方案。

（1）A. 系列　B. 项目　C. 方面　D. 种类
（2）A. 相互　B. 相当　C. 相应　D. 相似
（3）A. 个人型　B. 个人化　C. 个体型　D. 个体化

3. 白血病细胞会（1）________浸润人体各种脏器，从而导致患者机体出现各种症状。比如，口腔浸润会使患者出现牙龈（2）________、肿胀；皮肤浸润会使患者皮肤出现蓝灰色斑丘疹；而脊髓浸润还可能导致患者截瘫、大小便（3）________。

（1）A. 广大　B. 广泛　C. 全面　D. 全部
（2）A. 增加　B. 增强　C. 增生　D. 增大
（3）A. 失去　B. 失禁　C. 失常　D. 消失

（三）用指定词语或结构完成对话

1. 实习生：老师，我还是不太敢给病人做骨穿。

老　师：别紧张！按照________________________________。（×就是了）

2. 医生：大姐，他这一型的白血病预后比较差，刚才咱们说的几种治疗方案您都考虑考虑。

家属：我还是想给他做移植。________________________。（不管……，都/也……）

3. 实习生：老师，为什么急性白血病患者会出现严重的感染症状？

老　师：急性白血病患者骨髓中的白血病细胞大量增殖，正常的粒细胞和淋巴细胞生成减少，____________________________________。（从而）

（四）阅读语段，选择与语段意思一致的一项

1. 造血干细胞移植包括骨髓移植、外周血造血干细胞移植和脐带血造血干细胞移植。目前，最常用的是外周血造血干细胞移植。一般情况下，造血干细胞主要存在于骨髓，外周血中的数量很少。使用药物可以促进骨髓中的造血干细胞大量进入外周血，从而完成对外周血造血干细胞的采集。

A. 进行外周血造血干细胞采集前，需要使用药物
B. 人体外周血中含有大量的造血干细胞
C. 目前最常用的造血干细胞移植方式是骨髓移植

2. 粒细胞肉瘤，又称绿色瘤，是髓系幼稚细胞侵犯到骨髓以外的组织或器官中并增殖形成的瘤样肿块，常继发于急性髓系白血病或者慢性粒细胞白血病，好发于儿童和青少年。有些粒细胞肉瘤切除后，放在空气中，会呈浅绿色，因此称为绿色瘤。

A. 较多急性髓系白血病的成年患者会出现绿色瘤
B. 粒细胞肉瘤表面呈浅绿色，所以被称为绿色瘤
C. 绿色瘤一般可能继发于慢性粒细胞白血病

（五）写作练习

请根据“任务一”和“任务二”的示例内容，写一篇关于造血干细胞捐献的科普文章。

拓展学习

一、词汇

血细胞发育相关词语

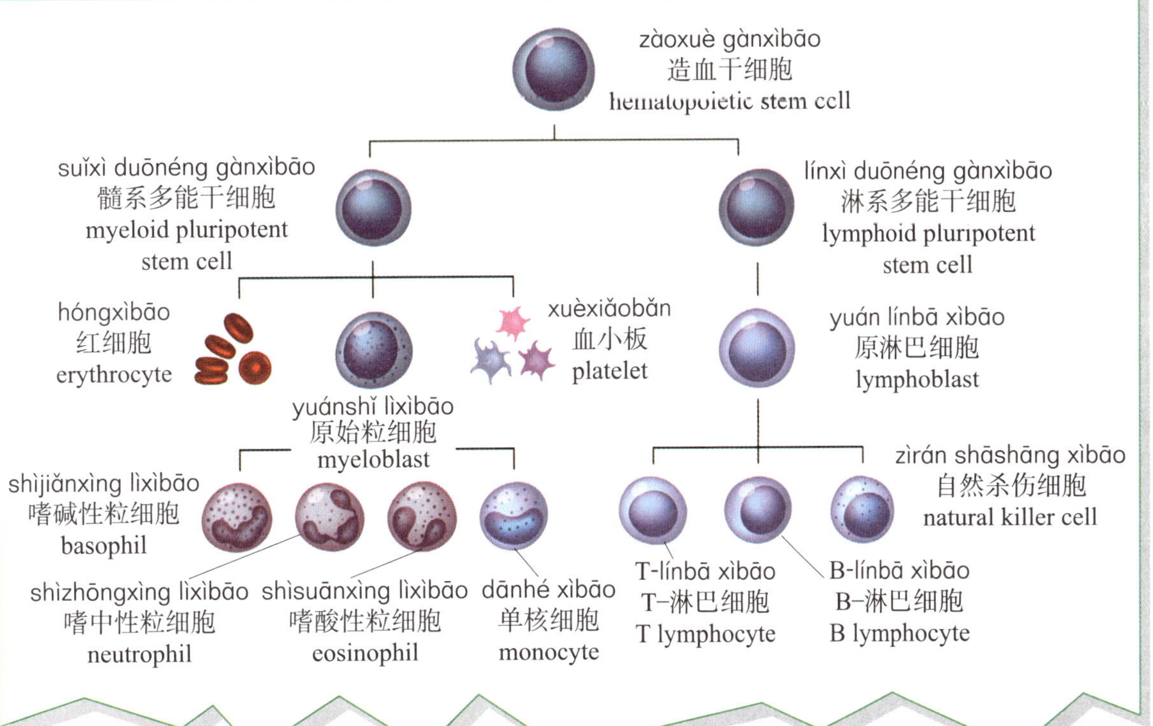

拓展学习

二、阅读

为血液病患者点亮生命希望

在 20 天不到的时间里，佳明的体重从 170 斤减到了 150 斤。他这么做都是因为一个月前他接到的一个红十字会的电话。佳明是一名大学三年级的学生，也是一名造血干细胞捐献者。一个月前，他被告知有一名白血病患者与他配型成功，需要他捐献造血干细胞挽救生命。他没有犹豫，立即同意了。但是没有想到的是，由于经常熬夜、饮食不规律等，他的体重以及部分体检指标超标，不符合捐献要求。但是白血病患者的病情随时都有恶化的可能，为了能尽快完成捐献，佳明每天严格控制饮食，加强锻炼。不到 20 天，他就成功减重 20 斤，其他检查指标的数值也都下降到了正常范围内，成功完成了捐献，挽救了患者的生命。

在中国，还有许许多多像佳明这样的造血干细胞捐献志愿者。他们的志愿行动为白血病、再生障碍性贫血等血液病患者带来生命的新希望。中国于 2001 年正式成立了中国造血干细胞捐献者资料库（简称“中华骨髓库”），统一管理并规范开展人类白细胞抗原（rénlèi báixìbāo kàngyuán，human leukocyte antigen，HLA）分型，为患者提供检索配型相合的捐献者及移植的相关服务。截至 2023 年 9 月，中华骨髓库共有捐献者资料近 330 万人份，患者申请查询人数累计超 11.6 万人次，总计捐献造血干细胞近 1.6 万例。同时，中华骨髓库于 2012 年加入世界骨髓库，可供全世界血液病患者检索查询，中华骨髓库已向境外捐献造血干细胞 370 余例。

中华骨髓库标志

（一）重要医学词语

1. 犹豫	yóuyù	*adj.*	hesitating
2. 超标	chāobiāo	*v.*	to exceed the set standard
3. 减重	jiǎnzhòng	*v.*	to lose weight
4. 数值	shùzhí	*n.*	numerical value
5. 再生障碍性贫血	zàishēng zhàng'àixìng pínxuè	*n.*	aplastic anemia
6. 检索	jiǎnsuǒ	*v.*	to search
7. 查询	cháxún	*v.*	to inquire

（二）阅读材料，选择正确答案

1. 佳明用了多长时间减肥？

A. 不到 10 天　　B. 20 天以内

C. 25 天左右　　D. 一个多月

2. 佳明为什么要在短时间内完成减肥？

A. 他要接受造血干细胞移植

B. 他要捐献造血干细胞

C. 他要登记成为造血干细胞捐献志愿者

D. 肥胖影响了他的健康

3. 关于中华骨髓库的工作范围，不包括：

A. 组织造血干细胞捐献志愿者登记

B. 为血液病患者提供检索查询服务

C. 开展白细胞抗原分型服务

D. 组织医生进行造血干细胞移植治疗研究

4. 关于中华骨髓库，下列哪项正确？

A. 中华骨髓库成立于 2012 年

B. 中华骨髓库中的捐献者资料数已经超过 330 万人份

C. 中华骨髓库已完成捐献造血干细胞超 11.6 万例

D. 中国境外患者也可以通过中华骨髓库检索查询

自我评估

一、生词知多少

你认识下列词语吗？如果认识，请在词语前的“□”里画“√”；如果不认识，请再复习复习。

□ 针对性	□ 承担	□ 尽全力	□ 寻找
□ 一系列	□ 特殊	□ 蓝灰色	□ 分类
□ 分化	□ 分型	□ 配型	□ 中枢神经系统
□ 抗感染	□ 脐带血	□ 造血干细胞	□ 骨髓穿刺（骨穿）
□ 骨髓象	□ 中华骨髓库	□ 脊髓	□ 急性髓系白血病
□ 外周血涂片	□ 标本	□ 供体	□ 非亲缘供体
□ 近亲属	□ 生成	□ 阻滞	□ 原始细胞
□ 幼稚细胞	□ 继发	□ 浸润	□ 斑丘疹
□ 紫癜	□ 眩晕	□ 截瘫	□ 眼底
□ 眼眶	□ 复视	□ 失明	□ 失禁
□ 绿色瘤	□ 骨膜	□ 脏器	

掌握了 25 个以上：非常好，为你点赞！

掌握了 20 ～ 25 个：不错，继续努力！

掌握了 19 个及以下：好好复习，下次加油！

二、你知道怎么说吗？

你知道下列几种情况应该怎么说吗？如果知道，请在句子前的“□”里画“√”。

□ 向急性白血病患者家属说明病情和治疗方案。

□ 介绍急性白血病的主要临床表现。

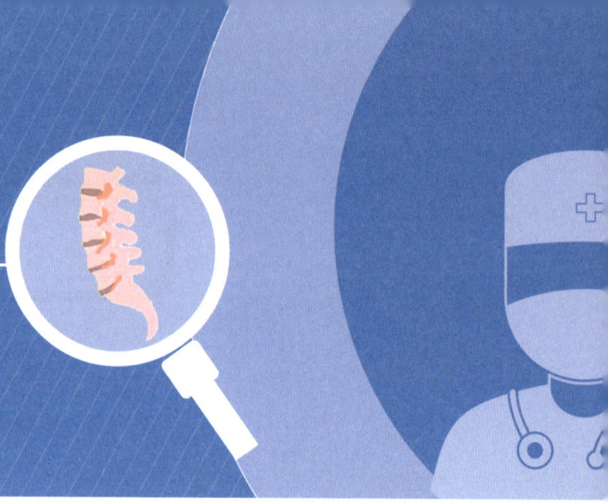

第十四课
腰椎间盘突出症是老司机的职业病

主题热身

一、给下列词语选择对应的图片

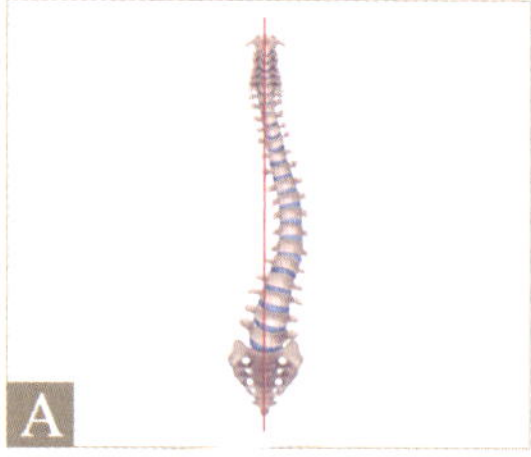

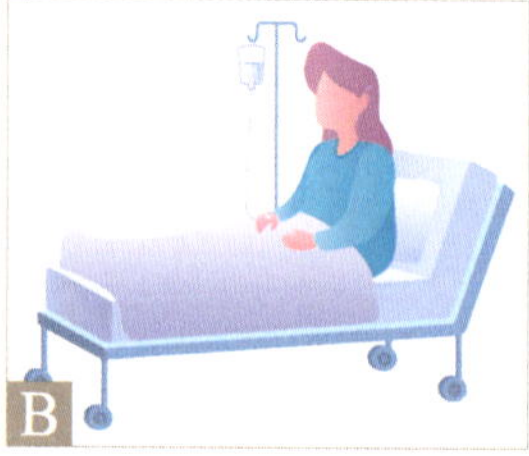

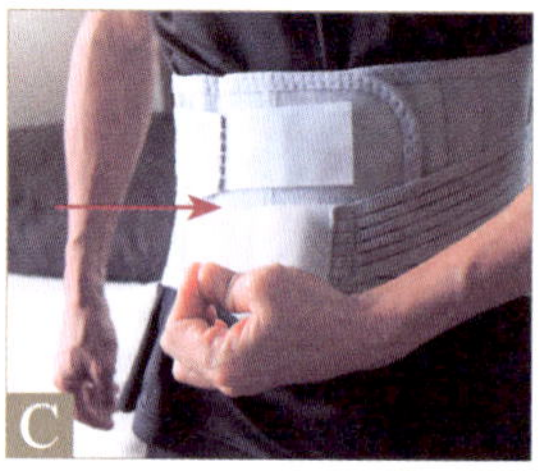

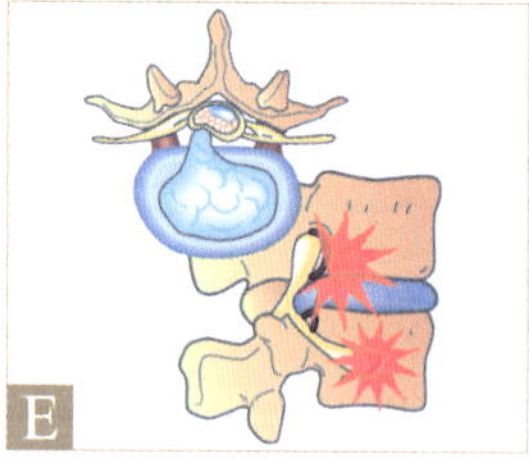

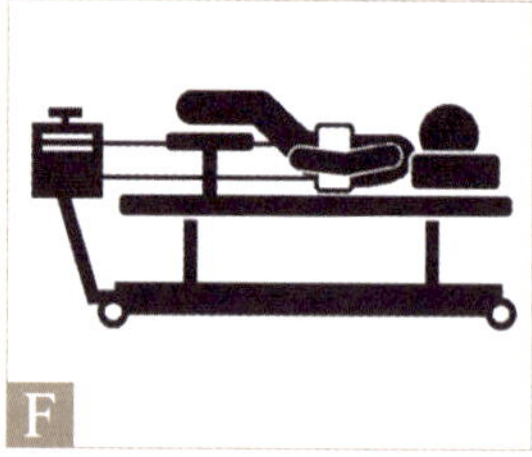

1. 椎间盘突出________　　2. 护腰________　　3. 骨盆牵引________

4. 脊椎侧凸__________　　5. 补液________　　6. 负重____________

二、听对话，选择正确答案

1. 患者的腰疼是从什么时候开始变严重的？

   A. 最近两年　　B. 最近一两天　　C. 最近半年

2. 关于患者的腿疼，我们可以知道什么？

   A. 左腿疼得更厉害　　B. 腿疼的时候麻麻的

   C. 平躺时会舒服些

3. 除了腰腿疼，患者还有什么不舒服吗？

   A. 没有了　　B. 胸口很闷　　C. 大小便不正常

扫描二维码，获取听力音频

任务学习

任务一　腰椎间盘突出症的治疗

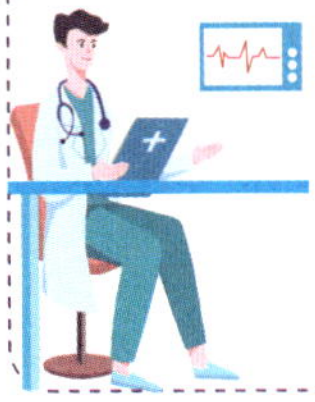

任务描述： 腰椎间盘突出症患者家属向医生咨询患者的检查结果和治疗方案。

准备

语言点 1　趋向补语的引申用法：动词 / 形容词 + 起来

读一读

读句子，选择与句子意思一致的一项

他这个人干起活儿来，命都不要了。

A. 他的活儿太多了，一个人干不完

B. 他因为干活儿，命都没了

C. 他只要一开始干活儿，就什么都不顾了

学一学

趋向补语“起来”用在动词后，可以表示动作开始，并有继续进行的意思；用在形容词后，表示某种状态开始出现，并有继续发展的意思。

例句

（1）听到医生这么说，大家都哭了起来。

（2）他一说起自己的专业来，就说个不停。

（3）急诊医生一忙起来，都顾不上吃饭。

练一练

用“动词 / 形容词 + 起来”完成句子

（1）这个病人的病情比较复杂，________________________________。

（2）护士说马上就要送我去手术室了，________________________________。

（3）你别看刘医生平时说说笑笑的，________________________________。

语言点 2　让步复句：就算 / 就是……，也……

读一读

读句子，选择与句子意思一致的一项

就算做手术，损伤也不大。

A. 不管做不做手术，损伤都不大

B. 即使做手术，损伤也不大

C. 只有做手术，损伤才不大

学一学

“就算 / 就是……，也……”可用于连接表示让步关系的复句。前一个分句用“就算”或者“就是”提出某一种假设，后一分句用“也”引出基于前一分句假设得出的结论。

例句

（1）就算医生说必须得戒烟，他也不听。

（2）就是要花几百万才能救她，我也愿意。

（3）门诊这么多病人，就算看一整天，也看不完。

练一练

用“就算 / 就是……，也……”完成句子

（1）这个手术太难了，________________________________。

（2）术后他出现了严重的感染，________________________________。

（3）这个病人已经抢救了一个小时了，________________________________。

示例

- 科室：骨科（门诊）
- 主任医师：林伟
- 患者家属：章萍（患者妻子）

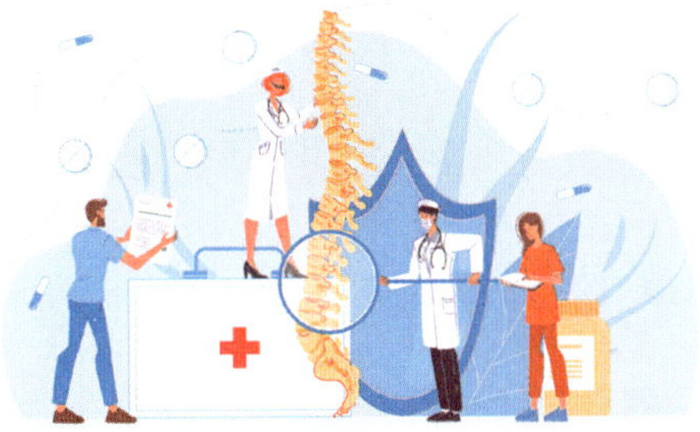

扫描二维码，获取课文和生词音频

章　萍：林医生，我丈夫的CT和核磁共振报告出来了，上面写的是“腰椎退行性病变，L4—5椎间盘膨出”。这是什么意思啊？麻烦您看看。

林　伟：您丈夫是腰椎间盘突出症。我们的椎间盘会随着年龄的增长逐渐老化。如果长期承受过大的压力，那么椎间盘纤维环就会破裂，里面的髓核就会向外突出来。您看，这是您丈夫的第四和第五椎骨。他这儿的椎间盘膨出压迫了神经，所以他一直说腰腿痛。

章　萍：哦，原来是这样。他这个腰椎间盘突出是不是跟他天天开出租车有关系啊？

林　伟：是有一定关系。司机长期坐着开

生词

1. 腰椎　yāozhuī　*n.*　lumbar vertebra
2. 退行性病变　tuìxíngxìng bìngbiàn　degenerative lesion
3. 椎间盘　zhuījiānpán　*n.*　intervertebral disc
4. 膨出　péngchū　*v.*　to bulge
5. 腰椎间盘突出症　yāozhuījiānpán tūchūzhèng　*n.*　lumbar disc herniation
6. 老化　lǎohuà　*v.*　to age
7. 纤维环　xiānwéihuán　*n.*　annulus fibrosus
8. 髓核　suǐhé　*n.*　nucleus pulposus
9. 椎骨　zhuīgǔ　*n.*　vertebra

车，会导致腰椎间盘局部压力过大。因此，腰椎间盘突出症是老司机的职业病。

章 萍：唉，我早就跟他说别干了。他就是不听，一直到今年实在是不行了，才不干的。他这个人干起活儿来，命都不要了。那他现在这个病要怎么治疗呢？

林 伟：目前，从他的病情来看，暂时可以先采取保守治疗。回去以后一定要卧床休息，现在他在急性发作期，建议严格卧床三个星期。好一点儿了，可以戴着护腰慢慢下床活动，但要避免长时间弯腰或者搬重物，以防腰椎受伤。另外，建议挂个康复科的号，给他做一下儿骨盆牵引和理疗。我再给他开一些抗炎的药物，配合治疗。

章 萍：好的，谢谢您！他这个病如果严重了，是不是就得做手术了？

林 伟：是的。如果保守治疗半年以上没有改善，腰腿痛反复发作严重影

10 职业病 zhíyèbìng *n.* occupational disease

11 严格 yángé *adj.* strict

12 护腰 hùyāo *n.* waist support

13 弯腰 wānyāo *v.* to bend down

14 重物 zhòngwù *n.* heavy thing

15 挂号 guàhào *v.* to register

16 康复科 kāngfùkē *n.* rehabilitation department

17 骨盆 gǔpén *n.* pelvis

18 牵引 qiānyǐn *v.* to do traction

19 理疗（物理治疗） lǐliáo (wùlǐ zhìliáo) *v.* to undergo physiotherapy

20 抗炎 kàngyán *v.* to be anti-inflammatory

响日常生活的话，最好进行手术治疗。

章　萍：做腰椎手术很危险吧？

林　伟：现在腰椎间盘突出症可以采用显微外科技术治疗，就算做手术，损伤也不大，术后恢复也很快。您不用太担心。

章　萍：这样啊，谢谢您这么耐心地解释。那我们先看看保守治疗的效果。

林　伟：好的，不客气！

21 显微外科　xiǎnwēi wàikē
n.　microsurgery

Note：
腰椎间盘突出症

扫描二维码，获取注释内容

活动

答一答

（1）腰椎间盘突出症的发病原因是什么？
（2）患者的腰椎间盘突出症可能跟什么有关系？
（3）医生建议患者目前做哪些治疗？

说一说

小组讨论：你们认为下列哪些行为可能导致腰椎间盘突出症？请在对应行为前的“□”里画“√”。如果你们认为还有其他行为，请写在下面。

□ 弯腰搬重物

□ 跷二郎腿（qiāo èrlángtuǐ，to sit cross-legged）

□ 久站

□ 坐姿（zuòzī，sitting posture）不正确

□ 长期穿高跟鞋（gāogēnxié，high heels）

□ 睡姿（shuìzī，sleeping posture）不正确

其他行为：____

读一读

读门诊病历，选择正确答案

门诊病历

姓名：王光明　　性别：男　　年龄：52 岁　　科室：骨科

主　　诉：反复腰痛约 2 年，近半年加重，伴右下肢疼痛。

现 病 史：腰痛 2 年，休息后症状减轻，未重视未诊治。近半年腰痛加重，无明显诱因出现右下肢疼痛，伴麻木，伴右下肢乏力，无间歇性跛行，无低热、盗汗，无畏冷、发热，无大小便失禁等不适。于今日至我院门诊就诊，查腰椎 MR，门诊拟“腰椎间盘突出症”收住入院。发病以来精神可，睡眠可，食欲可，大小便可，体重无明显变化。

既 往 史：否认高血压病、糖尿病、冠心病等慢性病病史，否认伤寒等其他传染病史，无食物、药物过敏史，否认其他手术、外伤史、输血史，预防接种史不详。

入院查体：生命体征平稳，神志清楚，心律齐，双肺未闻及明显干湿啰音，全腹平软，无明显压痛、反跳痛。

辅助检查：腰椎 MR：1. 腰椎退行性病变；2. L4—5 椎间盘突出伴膨出；3. L5 终板炎。

初步诊断：L4—5 腰椎间盘突出症。

（1）患者的右腿疼了多长时间了？

A. 两年　　B. 一年　　C. 半年

（2）根据门诊病历，下列关于患者的描述哪项正确？

A. 没有药物过敏史　　B. 大小便失禁　　C. 体重变化明显

（3）患者入院查体及 MR 检查的结果怎么样？

A. 肺部有湿啰音　　B. 腹部有明显压痛　　C. 腰椎出现退行性病变

任务二　腰椎间盘突出症术前谈话

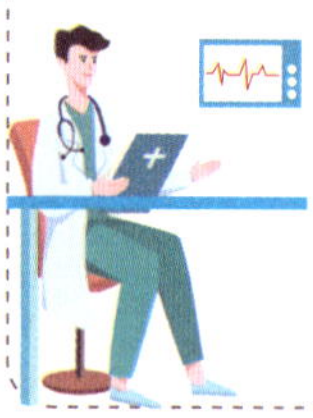

任务描述： 骨科医生向腰椎间盘突出症患者说明手术方案以及术后注意事项。

准备

语言点　因果复句：……，可见……

读一读

读句子，选择与句中加点词语意思一致的一项

您的 X 光片显示已经出现了脊柱侧凸，可见前期保守治疗的效果并不好。

A. 决定　　B. 解释　　C. 说明

学一学

连词“可见”可用于连接因果复句，表示根据前一分句所陈述的事实或情况，可以推断出后一分句所表示的结果或结论。多用于书面语。

例句

（1）最近他很努力，这次期末考试考得挺好的，可见努力还是有用的。

（2）很多人都想找刘大夫做手术，可见大家都认为他的技术比较好。

（3）今天患者的各项指标都降下来了，可见治疗起作用了。

练一练

用“……，可见……”完成句子

（1）他的降压药还剩这么多，________________。

（2）患者还是不愿意接受手术治疗，________________。

（3）患者已经恢复了自主呼吸，________________。

示例

- 科室：骨科（病房）
- 患者：王光明（男，52 岁）
- 主任医师：林伟

扫描二维码，获取
课文和生词音频

林伟对王光明说：

王大哥，从您这次住院的检查结果来看，您腰椎间盘突出的情况加重了。您看，这是我们的椎间盘，它主要由髓核、纤维环和软骨终板构成。您的核磁共振检查结果显示您第四、五腰椎间盘的纤维环已经完全破裂了，髓核已经突向椎管，严重压迫了脊神经根。因此，您小腿后外侧和脚背的知觉出现减退，右下肢的肌力也下降了。此外，您的 X 光片显示已经出现了脊柱侧凸，可见前期保守治疗的效果并不好。您目前的情况符合腰椎间盘突出症的手术适应证，我们建议您还是接受手术治疗。

现在，这个手术在临床上属于一种常见的微创手术。我们可以利用显微镜辅助手术来摘除您病变的椎间盘，对椎

生词

1. 软骨终板　ruǎngǔ zhōngbǎn　*n.*　cartilaginous endplate
2. 构成　gòuchéng　*v.*　to compose
3. 椎管　zhuīguǎn　*n.*　vertebral canal
4. 脊神经根　jǐshénjīnggēn　*n.*　spinal nerve root
5. 脚背　jiǎobèi　*n.*　instep
6. 知觉　zhījué　*n.*　consciousness
7. 肌力　jīlì　*n.*　muscle strength
8. 脊柱侧凸　jǐzhù cètū　scoliosis
9. 符合　fúhé　*v.*　to accord with
10. 适应证　shìyìngzhèng　*n.*　indication
11. 摘除　zhāichú　*v.*　to remove

管神经根管进行减压，并进行植骨融合和固定。这种手术创伤比较小，出血量也比较少，一般在局麻下就可以进行。术后恢复也比较快。术后进行消肿、镇痛、补液等对症治疗后，如果伤口愈合良好，没有红热、肿胀、渗液等症状，复查一下儿X光片，就可以出院了。

出院后1个月内注意休息，避免久坐、久站或者腰椎过度负重。术后要继续使用护腰至少两个月，不要进行高强度的运动。出院三个月后，要来医院复查。出院后要坚持康复治疗，加强腰背部肌肉锻炼，从而增强脊柱的稳定性。

您看看还有什么不明白的，可以随时来问我。建议您跟家属商量一下儿，还是尽早接受手术治疗比较好。

⑫ 神经根管 shénjīng gēnguǎn *n.* nerve root canal

⑬ 植骨 zhígǔ *v.* to perform bone graft

⑭ 消肿 xiāozhǒng *v.* to relieve a swelling

⑮ 镇痛 zhèntòng *v.* to ease pain

⑯ 补液 bǔyè *v.* to have fluid replacement

⑰ 渗液 shènyè *v.* to effuse

⑱ 负重 fùzhòng *v.* to bear a heavy load

⑲ 强度 qiángdù *n.* intensity

Note:
腰椎间盘突出症的手术适应证

扫描二维码，获取注释内容

活动

答一答

（1）椎间盘主要由哪些部分构成？

（2）患者现在腰椎间盘突出的情况怎么样了？

（3）腰椎间盘突出症的微创手术是怎么做的？

（4）患者术后要注意些什么？

说一说

（1）**小组讨论：** 说一说腰椎间盘突出会引起哪些症状。什么情况下，腰椎间盘突出症患者需要接受手术治疗？

正常的椎间盘	椎间盘突出
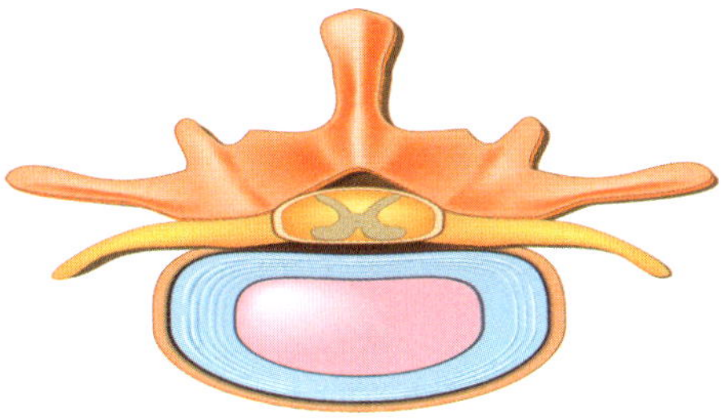	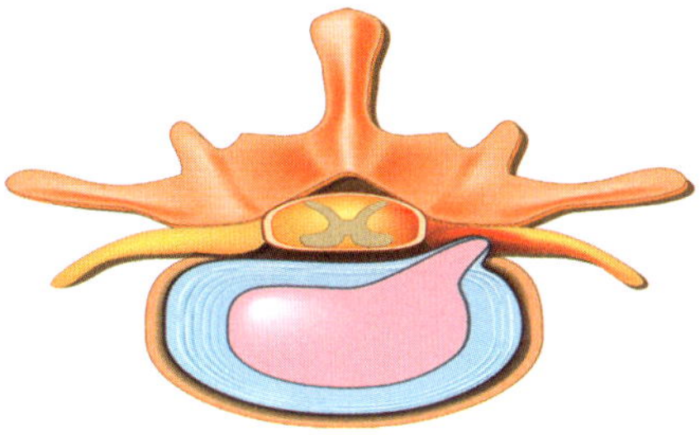

（2）**想一想：** 下列两组句子中，A、B 两段话的意思一样吗？如果你要向患者说明腰椎间盘突出的情况，A、B 两种表述方式哪种更合适？两种表述方式有什么不一样？

① A：根据住院检查结果，您腰椎间盘突出情况加重，可见前期保守治疗效果不佳，建议接受手术治疗。

B：从住院的检查结果来看，您腰椎间盘突出的情况加重了，说明前期的保守治疗效果并不好，建议您还是接受手术治疗。

② A：该手术创伤较小，出血量较少，术后恢复较快。若术后伤口愈合良好，复查 X 光片后可出院。

B：这种手术创伤比较小，出血量也比较少，术后恢复也比较快。如果手术后伤口愈合良好，复查一下儿 X 光片就可以出院了。

（3）**成段表达**：请根据“任务二”的示例内容，向患者解释腰椎间盘突出症微创手术过程。

您好！腰椎间盘突出症手术在临床上……的微创手术。可以利用显微镜辅助手术来摘除……，对……进行减压，并进行……。手术……比较小，……比较少，一般在……就可以进行。术后恢复也比较快。术后进行……、……、……等对症治疗后，如果伤口……，没有……、……、……等症状，复查一下儿……，就可以出院了。

演一演

小组活动：两人一组，根据场景提示，使用下列词语模拟医生和患者的对话。

场景提示：患者因腰椎间盘突出症入院，医生向患者介绍病情，并解释建议患者接受手术治疗的原因。

腰椎、椎间盘、髓核、纤维环、破裂、压迫、脚背、肌力、知觉、脊柱侧凸、适应证、脊神经根、老化、膨出、退行性病变

任务操练

实践

脊柱是人体重要的支撑结构，是人体运动的重要组成部分。平时生活、工作或学习中的不正确姿势都会对脊柱健康产生不良的影响。请你查一查相关资料，制作一张关于如何保护脊柱的宣传海报。

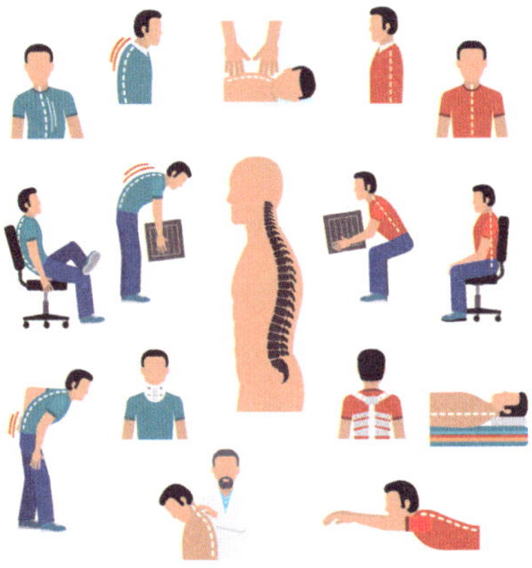

练习

（一）词语搭配

1. 椎间盘
2. 纤维环
3. 骨盆
4. 肌力
5. 知觉

A. 破裂
B. 膨出
C. 下降
D. 丧失
E. 牵引

（二）选择正确的词语填空

1. 腰椎间盘突出症患者出现腰腿痛，主要是腰椎间盘突出（1）________神经根导致的。久坐会使腰椎间盘前方压力增加，髓核向后（2）________，导致椎间盘向后突出。因此，学习、工作时间长了，要站（3）________活动活动，尽量避免久坐。

（1）A. 压住　B. 压力　C. 压痛　D. 压迫

（2）A. 移动　B. 降低　C. 脱落　D. 牵引

（3）A. 上来　B. 过来　C. 起来　D. 下来

2. 椎间盘主要由髓核、纤维环和软骨终板（1）________。随着年龄的增长，椎间盘会逐渐（2）________。在外力的作用下，椎间盘的纤维环可能会破裂，从而导致髓核（3）________。

（1）A. 成立　B. 成分　C. 构成　D. 建成

（2）A. 变化　B. 老化　C. 消化　D. 分化

（3）A. 分离　B. 融合　C. 膨出　D. 脱落

3. 在腰椎间盘突出急性发作期，应（1）________卧床休息。下床活动时，要戴好护腰，避免长时间弯腰或者搬重物，（2）________腰椎受伤。必要时，可以通过骨盆牵引和（3）________来缓解不适。

（1）A. 合格　B. 严格　C. 资格　D. 体格

（2）A. 以为　B. 以防　C. 所以　D. 可以

（3）A. 放疗　B. 雾化　C. 理疗　D. 化疗

（三）用指定词语或结构完成对话

1. 护士：主任，13 床怎么又住进来了？他不是上个月刚出院吗？

医生：是啊。他回去没几天，血糖又升上去了，________________________。

（……，可见……）

2. 妈妈：丽丽，快叫哥哥下来吃饭。他在房间里做什么呢？

丽丽：一定又在打游戏，________________________________。

（动词 / 形容词 + 起来）

3. 病人：医生，我这颗牙一定要拔吗？

医生：您这颗牙的牙根吸收比较严重，________________________。

（就算 / 就是……，也……）

（四）阅读语段，选择与语段意思一致的一项

1. 近年来腰椎间盘突出症患者的平均年龄呈下降趋势。越来越多的年轻人开始担心自己患上了腰椎间盘突出症。很多人只要腰部有一点儿不适或者疼痛，就会怀疑自己是不是得了腰椎间盘突出症。实际上，腰椎间盘突出症只是腰痛的原因之一。如果腰痛只是发生在局部，没有发生腿部或者臀部的放射性疼痛，腰椎神经也没有明显的压迫感，那么患腰椎间盘突出症的可能性不大。

   A. 腰椎间盘突出症患者主要是年轻人
   B. 不是所有腰痛都是腰椎间盘突出症导致的
   C. 腰椎间盘突出症的疼痛只发生在局部

2. 即使确诊了腰椎间盘突出症也不要担心，目前腰椎间盘突出症的治疗方案已经非常成熟了。大部分腰椎间盘突出症患者可以经非手术治疗缓解或治愈，治疗方法包括卧床休息、牵引治疗、物理治疗等。非手术治疗主要适用于初次发作或病程较短者，症状较轻、休息后症状可自行缓解者，影像学检查无明显椎管狭窄者。如果非手术治疗无效或者症状过于严重，就要考虑手术治疗了。

   A. 大部分腰椎间盘突出症患者经过非手术治疗后可以缓解或治愈
   B. 没有接受过非手术治疗的腰椎间盘突出症患者不可以进行手术治疗
   C. 影像学检查没有明显椎管狭窄的腰椎间盘突出症患者可以不治疗

（五）写作练习

请根据“任务一”和“任务二”的示例内容，写一篇关于腰椎间盘突出症预防宣教的讲话稿。

大家好！

我是……

拓展学习

一、词汇

脊柱和椎间盘结构相关词语

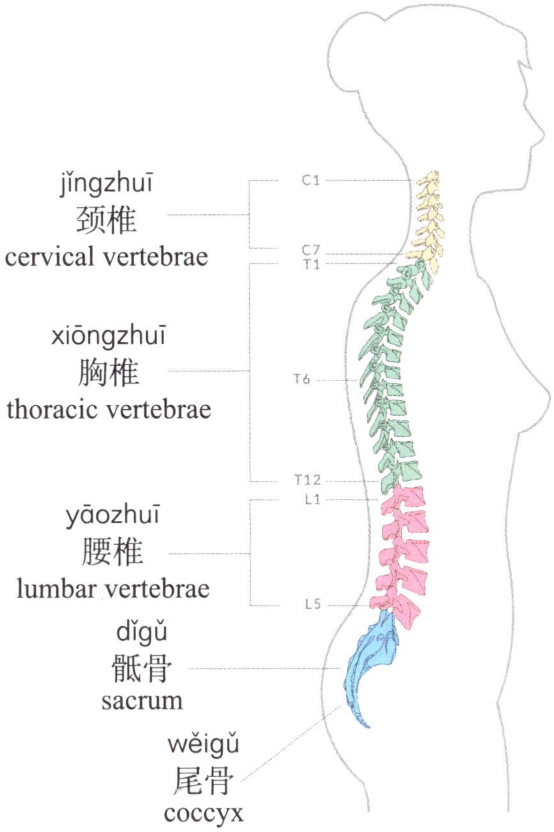

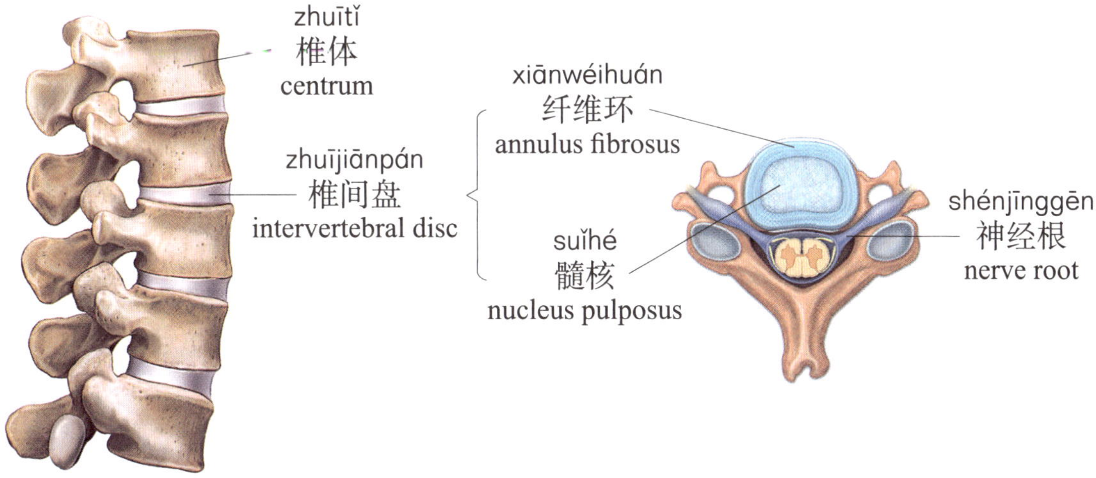

二、阅读

年纪轻轻腰不好？这些事情要少做

人体的腰椎是脊椎中负重最大的部位，是连接胸廓和骨盆的唯一骨性结构。它不仅需要负担我们的体重，还要完成各种体力劳动。然而，统计数据显示，中国腰椎病患者已突破 2 亿，其中腰椎间盘突出患者的比例竟高达 18%！更令人意想不到的是，25 到 39 岁之间的年轻人腰椎间盘突出问题的检出率近 14%，居各年龄段首位，很多年轻人都说自己是“20 岁的年纪，50 岁的腰”。

那么，到底有哪些坏习惯会伤害我们的腰部呢？

1. 弯腰搬重物。很多人搬东西时，直接弯腰下去，腿不弯、膝盖不动，硬拉抬起地上的重物。这会给腰部施加极大的压力，增加腰椎小关节的负荷。

2. 长时间保持一个姿势。不论是久坐还是久站，腰部的肌肉都会一直处于紧张的状态，得不到放松。时间长了，就会导致腰部组织血液循环不畅，诱发腰肌劳损。

3. 坐姿不正确。许多人喜欢跷二郎腿、盘腿坐、窝在沙发里，或者喜欢椅子只坐一半、身体前倾，这些不良坐姿都会大大增加椎间盘的压力，容易造成椎间盘退化、损伤。

要想保护好我们的腰部，除了要避免一些坏习惯，还要注意这些事：

1. 小心弯腰，做好日常防护。在弯腰或身体前倾时，腰部会受到比直立时更大的压力。因此，生活中不要总是直接弯腰去搬重物，正确的方法能够更好地保护腰部。弯腰搬东西时，要先蹲下，再搬起地上的物品，起身时，要将所搬物品靠近身体并尽量放低，减小对腰椎间盘后方的压力。

2. 注意坐姿，避免久坐。耸肩、含胸、身体前倾等不当的坐姿都会加重脊柱尤其是腰椎的负担，平时要尽量采用不让后背肌肉紧张的坐姿，而且要经常变换姿势，让肌肉适当放松。连续坐30～40分钟后，应该站起来活动一下儿，接杯水、去趟厕所都是可以的。

3. 加强腰部核心肌群的锻炼。锻炼腰部核心肌群可以起到增强腰椎稳定性的作用，合理的腰背肌锻炼更是可以延缓腰椎退行性病变的发生。平时可以适当做一些锻炼腰背肌的练习，比如平板支撑、俯卧撑等。但一定要注意锻炼强度和方法，避免不正确的锻炼方式对腰椎造成伤害。

（一）重要医学词语

1. 突破	tūpò	*v.*	to break through
2. 施加	shījiā	*v.*	to exert
3. 负荷	fùhè	*v.*	to bear
4. 劳损	láosǔn	*v.*	to strain
5. 盘腿	pántuǐ	*v.*	to cross one’s legs
6. 前倾	qiánqīng	*v.*	to lean forward
7. 蹲	dūn	*v.*	to squat
8. 耸肩	sǒngjiān	*v.*	to shrug one’s shoulders
9. 含胸	hánxiōng	*v.*	to slouch
10. 核心肌群	héxīn jīqún		core muscles
11. 平板支撑	píngbǎn zhīchēng		plank
12. 俯卧撑	fǔwòchēng	*n.*	push-up

（二）阅读材料，选择正确答案

1. 根据短文，下列关于腰椎的表述哪项正确？

A. 腰椎是连接胸廓和骨盆的骨性结构之一

B. 中国腰椎间盘突出患者已突破 2 亿

C. 25 ～ 39 岁之间的年轻人腰椎间盘突出问题很严重

D. 50 岁左右的中年人腰椎间盘突出问题最严重

2. 久站、久坐对身体有什么影响？

A. 诱发腰肌劳损

B. 导致脊柱侧凸

C. 影响腿部血液循环

D. 增加腰椎小关节负荷

3. 弯腰搬重物时，下列哪项做法正确？

A. 硬拉抬起物品

B. 蹲下搬起物品

C. 直接弯腰搬物品

D. 起身时将所搬物品远离身体

4. 加强腰部核心肌群的锻炼有什么好处？

A. 减轻腰椎负担

B. 缓解腿部疼痛

C. 防止腰椎退行性病变

D. 增强腰椎稳定性

自我评估

一、生词知多少

你认识下列词语吗？如果认识，请在词语前的“□”里画“√”；如果不认识，请再复习复习。

□ 腰椎	□ 椎间盘	□ 退行性病变	□ 腰椎间盘突出症
□ 纤维环	□ 髓核	□ 软骨终板	□ 椎管
□ 椎骨	□ 膨出	□ 脊神经根	□ 脊柱侧凸
□ 神经根管	□ 显微外科	□ 植骨	□ 渗液
□ 补液	□ 摘除	□ 消肿	□ 镇痛
□ 抗炎	□ 护腰	□ 理疗	□ 牵引
□ 弯腰	□ 骨盆	□ 脚背	□ 肌力
□ 职业病	□ 知觉	□ 康复科	□ 适应证
□ 老化	□ 挂号	□ 负重	□ 重物
□ 构成	□ 严格	□ 符合	□ 强度

掌握了 25 个以上：非常好，为你点赞！

掌握了 20 ～ 25 个：不错，继续努力！

掌握了 19 个及以下：好好复习，下次加油！

二、你知道怎么说吗？

你知道下列几种情况应该怎么说吗？如果知道，请在句子前的“□”里画“√”。

□ 介绍腰椎间盘突出症患者的病情。

□ 介绍腰椎间盘突出症保守治疗的方法。

□ 介绍针对腰椎间盘突出症采取的微创手术。

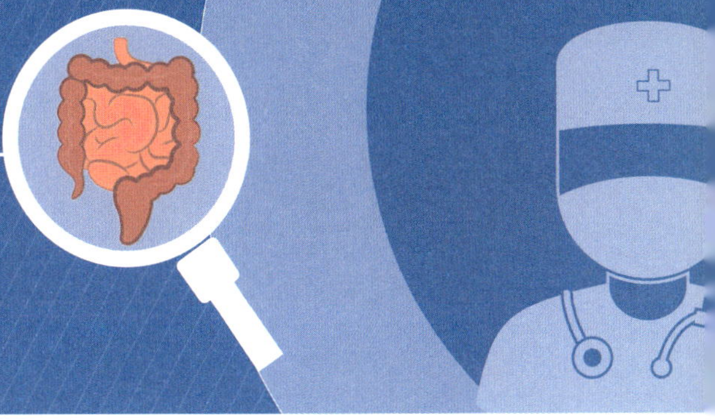

第十五课

不做肠镜不行吗？

主题热身

一、给下列词语选择对应的图片

A

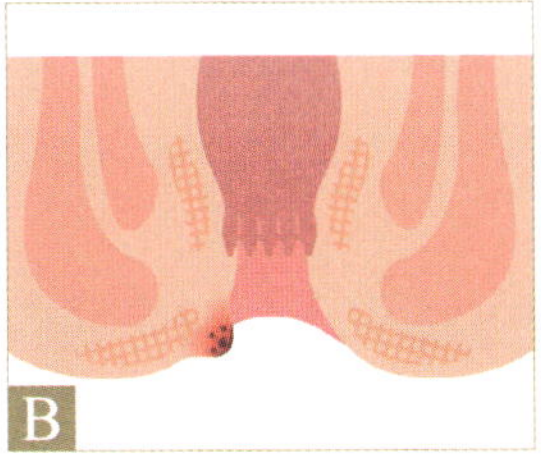
B

C

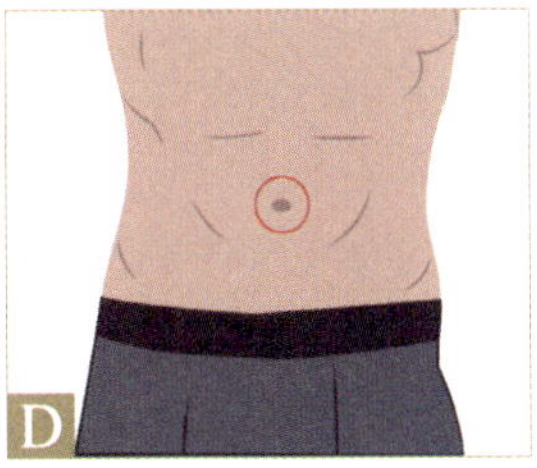
D

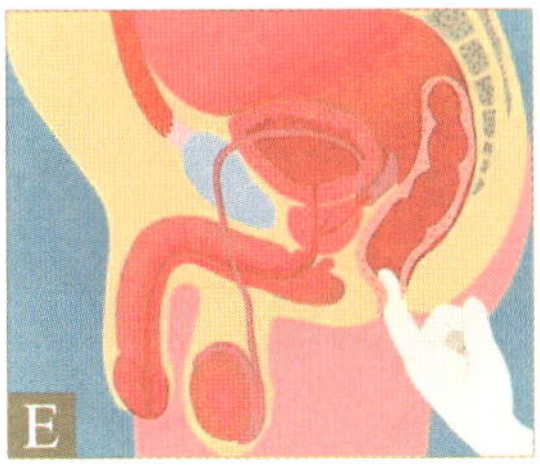
E

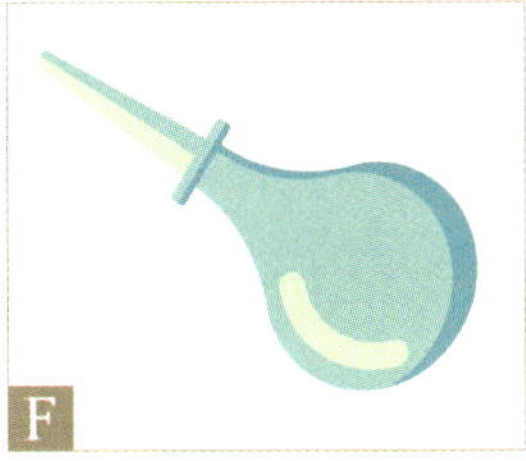
F

1. 肚脐________　　2. 放屁__________　　3. 脓血便__________

4. 痔疮________　　5. 开塞露________　　6. 肛门指检________

二、听对话，选择正确答案

1. 男的一直在哪里不出来？

A. 厨房　　B. 卧室　　C. 洗手间

2. 男的怎么了？

A. 拉血便　　B. 血尿　　C. 尿痛

3. 医生让男的每年做什么检查？

A. 胃镜　　B. 肠镜　　C. 腹腔镜

扫描二维码，获取听力音频

任务学习

任务一　结直肠癌的问诊

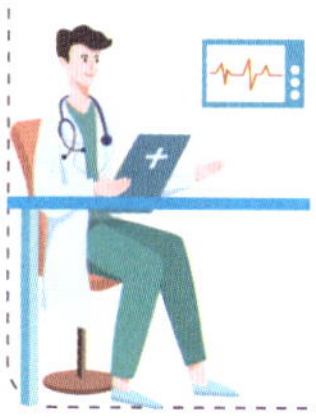

任务描述： 患者因腹胀、排便困难、便血来院就医，消化内科医生详细询问患者的症状和病史。

准备

语言点 1　口语格式：A 也不是，B 也不是

读一读

读句子，选择与句子意思一致的一项

上厕所也不是，不上厕所也不是。

A. 不知道厕所在哪里

B. 不知道是不是厕所

C. 不知道到底是不是要上厕所

学一学

“A 也不是，B 也不是”是一种并列结构，常用于口语，表示“A”和“B”两种情况都不如意或不合适。有时候，“A”和“B”是完全相反的两种情形。

例句

（1）妈妈看着妹妹用口红给自己画的大花脸，哭也不是，笑也不是。

（2）他尴尬地站在那儿，走也不是，不走也不是。

（3）他在手术室外面紧张得很，坐也不是，站也不是，不停地走来走去。

练一练

用“A 也不是，B 也不是”完成句子

（1）我做的菜你都不满意，________________，______________，要不还是你自己做吧。

（2）吃完饭我肚子疼得厉害，________________，__________________，只能一直平躺着。

（3）我觉得还是应该听医生的，现在就做手术。万一情况继续恶化，到时候，________________________________，____。

语言点 2 紧缩复句：不……也……

读一读

读句子，选择与句中画线部分意思一致的一项

这回您得听我的，<u>不想做也得做</u>。

A. 即使不想做，也得做

B. 如果不想做，就得做

C. 因为不想做，所以得做

学一学

“不”“也”可以连接两个谓语成分，以单句的形式表示假设或让步关系，是一种紧缩复句。“不”“也”所连接部分的关系需要根据具体的语言环境来判断。

例句

（1）这个道理不说也明白。

（2）时间已经来不及了，我们不吃饭也得走了。

（3）从 3 床的情况来看，目前不做手术也行。

练一练

用“不……也……”完成句子

（1）我近视的度数不高，____。

（2）吃药是为了治病，怎么能因为苦就不吃了呢？______________________。

（3）我觉得已经恢复得差不多了，______________________________。

示例

- 科室：消化内科（门诊）
- 患者：汪国良（男，63岁）
- 主治医师：张劲松
- 患者家属：汪志（患者儿子）

扫描二维码，获取课文和生词音频

汪　志：大夫，我爸最近一个月总是便秘，还总说肚子胀痛，食欲也不好。这一个多月，他一下子瘦了不少。您看看是怎么回事。

张劲松：大爷，您肚子哪个地方疼？是肚脐上边，还是肚脐下边？

汪国良：肚脐上边，总是闷闷地疼，像是胃疼，有时候觉得整个肚子都疼。

张劲松：是一直疼，还是一阵一阵地疼？

汪国良：一阵一阵的，总想放屁、上厕所，但是又放不出来、拉不出来，感觉上厕所也不是，不上厕所也不是。

张劲松：出现这种情况大概多长时间了？

生词

1. 胀痛　zhàngtòng　*adj.*　distending pain
2. 肚脐　dùqí　*n.*　navel
3. 放屁　fàngpì　*v.*　to fart
4. 上厕所　shàng cèsuǒ　to go to toilet

几天能拉一次？

汪国良：这大半年都老是便秘，一般都要一个星期才能拉一次，到今天又有四五天没拉了。

张劲松：便秘的时候，有没有用些导泻的药物，比如开塞露什么的？

汪 志：他经常用，用了开塞露能拉出来。

张劲松：大便是硬的吗？

汪国良：不是特别硬，有的时候是糊状的，但也不太好拉。

张劲松：大便颜色正常吗？有没有血或者脓液什么的？

汪国良：没太在意，但有时候冲厕所的时候，看到大便有鲜红色的血。

汪 志：您怎么没告诉我最近大便有血啊？

汪国良：便秘痔疮出血很正常嘛。告诉你，你又要叫我去做什么肠镜。

张劲松：以前做过肠镜检查吗？

汪 志：三年前做过，发现他结肠有三个小息肉，还取了标本做病理检查，说是什么混合性腺瘤性息肉。当时，医生说没什么事儿，

5 导泻 dǎoxiè *v.* to perform catharsis

6 开塞露 kāisèlù *n.* glycerol enema

7 糊状 hùzhuàng *adj.* mushy

8 脓液 nóngyè *n.* pus

9 冲 chōng *v.* to flush

10 鲜红色 xiānhóngsè *n.* bright red

11 痔疮 zhìchuāng *n.* hemorrhoids

12 肠镜 chángjìng *n.* colonoscopy

13 结肠 jiécháng *n.* colon

14 混合性腺瘤性息肉 hùnhéxìng xiànliúxìng xīròu mixed adenomatous polyp

让一年复查一次肠镜，但是他总是不肯做。

张劲松：您最好还是再做个肠镜。

汪国良：大夫，不做肠镜不行吗？做肠镜又要清肠、禁食什么的，太麻烦了！

张劲松：虽然内痔出血或者长期排便困难导致的肛裂、肛瘘都会出现便血症状，但考虑到您既往有结肠多发息肉的病史，还是有必要再做个肠镜，明确一下儿出血原因。

汪　志：就是啊，这回您得听大夫的，不想做也得做。

汪国良：好好好。听大夫的，听大夫的。

张劲松：汪先生，麻烦您扶您父亲躺下，我先给他做个腹部触诊和肛门指检，一会儿再给他开肠镜预约单。

汪　志：好的。

15 不肯 bù kěn to refuse

16 清肠 qīngcháng *v.* to purge intestines

17 内痔 nèizhì *n.* internal hemorrhoids

18 排便 páibiàn *v.* to defecate

19 肛裂 gāngliè *n.* anal fissure

20 肛瘘 gānglòu *n.* anal fistula

21 肛门指检 gāngmén zhǐjiǎn anal digital examination

Note:

开塞露

扫描二维码，获取注释内容

活动

答一答

（1）患者有什么样的腹痛、腹胀症状？

（2）患者最近排便的情况怎么样？

（3）患者三年前做过什么检查？结果怎么样？

说一说

小组讨论：你们认为下列哪些原因可能引起便血？请在对应原因前的“□”里画“√”。如果你们认为还有其他原因，请写在下面。

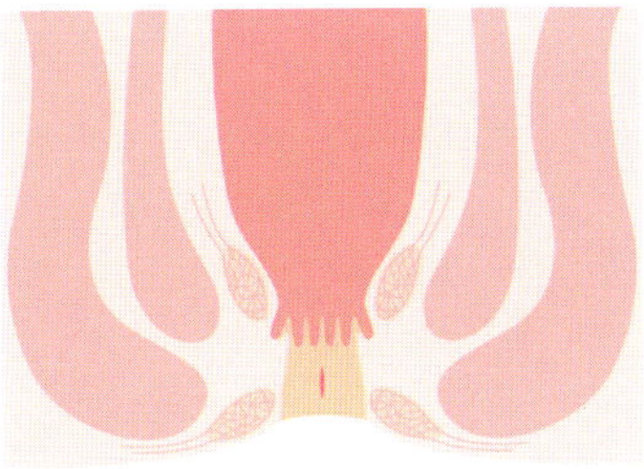

□ 肛裂

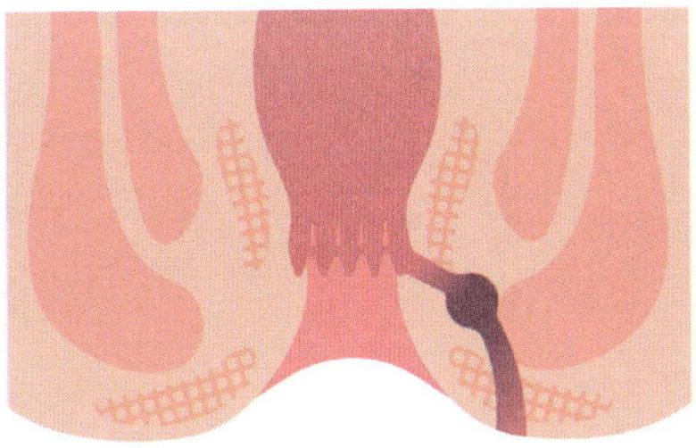

□ 肛瘘

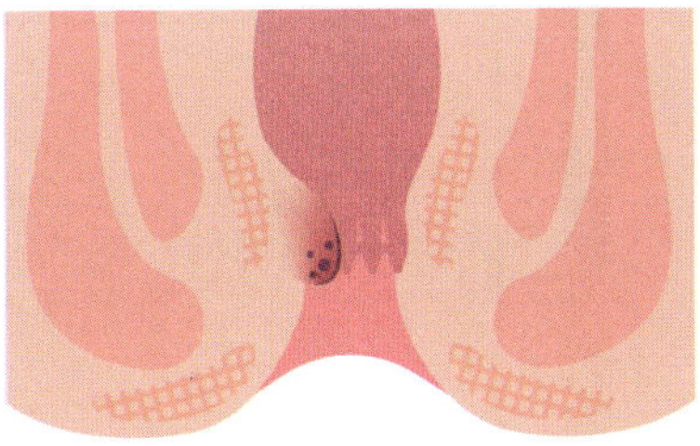

□ 内痔

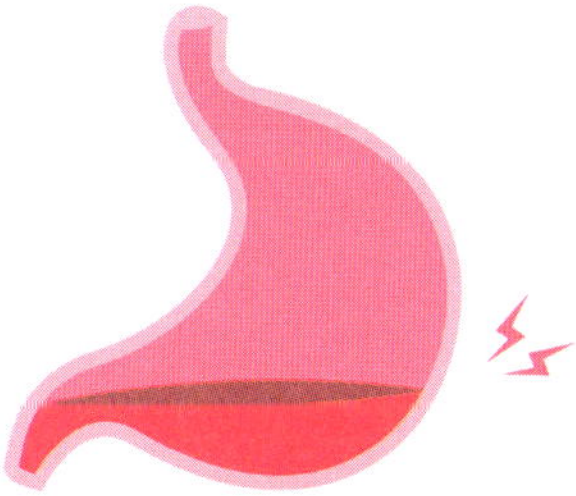

□ 胃出血

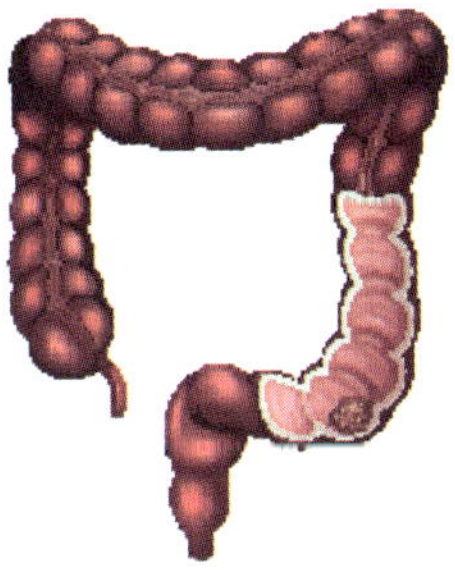

□ 肠癌

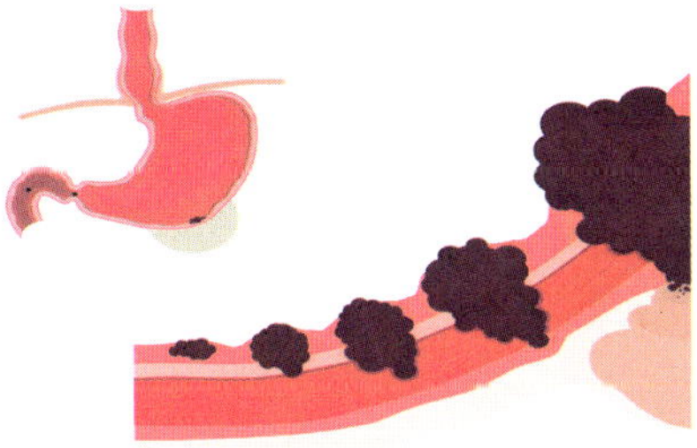

□ 胃癌

其他原因：＿＿＿＿＿＿＿＿＿＿＿＿＿＿＿＿＿＿＿＿＿＿＿＿＿＿＿＿

读一读

读报告单，选择正确答案

检验报告单

姓名：汪国良　　性别：男　　年龄：63 岁

检验科室：特定蛋白室　　检验项目：CA72-4 + AFP + CEA + CA19-9 + CA125

临床诊断：结直肠癌？　　样本类型：血清　　样本编号：20232123435

申请科室：消化内科　　申请医生：张劲松　　病案号：1214543-A004

序号	项目	结果	参考值	单位
1	CA72-4	1.13	<6.90	U/mL
2	甲胎蛋白	1.00	<20.00	ng/mL
3	癌胚抗原	10.40 ↑	<5.00	ng/mL
4	CA19-9	25.22	<37.00	U/mL
5	CA125	67.74 ↑	<35.00	U/mL

申请时间：××年××月××日　　接收时间：××年××月××日

采样时间：××年××月××日

接收者：王京喜　　采样者：姚全　　检验者：张东辉

审核者：林清泉

（1）患者做这个检查时要做什么？

A. 留小便　　B. 留大便　　C. 抽血　　D. 憋尿

（2）医生让患者做这个检查是因为考虑到有什么可能？

A. 癌症　　B. 肝功能损伤　　C. 炎症　　D. 肾功能损伤

任务二　结直肠癌并发肠梗阻的问诊要点

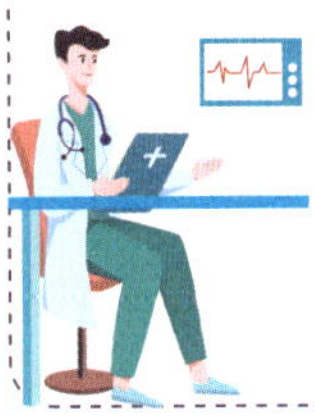

任务描述： 消化外科临床带教医生总结结直肠癌并发肠梗阻病例的问诊要点。

准备

语言点　承接复句：……，于是……

读一读

给词语“于是”选择合适的位置

两天前 A 出现无明显诱因的发热，B 最高体温 39 度，C 来我院就诊 D。

学一学

“于是”作为连词，可用于承接复句，表示后一件事接着前一件事，后一件事常常是由前一件事引起的。

例句

（1）经过一系列的检查，医生明确了病因和诊断，于是制订了详细的治疗方案。

（2）与家属沟通后，家属表示同意手术，于是李大夫立即联系了手术室。

（3）救护车到达现场时，患者呼吸、脉搏微弱，意识不清，于是医护人员立即对他进行了抢救。

练一练

用“于是”完成句子

（1）患者自行服药后疼痛未缓解，______________________________。

（2）检查后我们发现，病人肠梗阻明显，随时可能出现肠破裂、穿孔，____。

（3）县医院医生建议我们转院，______________________________________。

示例

- 科室：消化外科（示教室）
- 临床老师：洪晓兰
- 课程：外科学见习

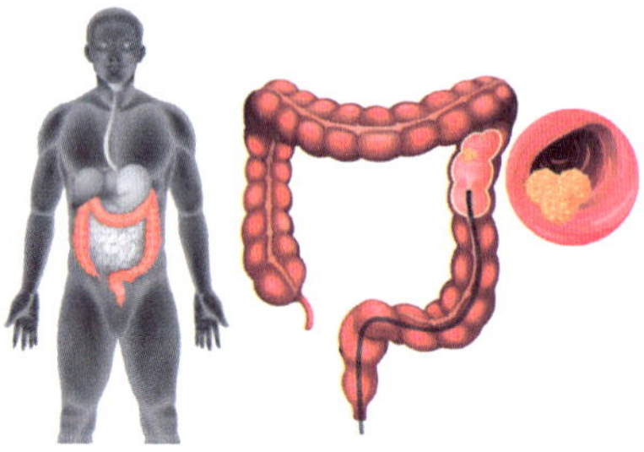

扫描二维码，获取课文和生词音频

大家好！刚才大家对15床结直肠癌并发肠梗阻的病例进行了病史采集。大家问诊都问得不错。现在，我再给大家总结一下儿。

首先，问诊要了解患者的主诉。针对腹痛症状，我们要通过问诊掌握患者腹痛的部位、发作时间、性质和程度、诱发因素，以及与体位的关系等方面的信息。其次，还要进一步询问患者是否出现相关的伴随症状。这样才能帮助我们进行诊断和鉴别诊断。根据刚才大家问诊的情况，我们可以总结出患者的主诉是“腹痛、腹胀伴肛门停止排气排便8天，发热2天”。具体地说，患者8天前出现无明显诱因的间歇性上腹部胀痛，

生词

1. 结直肠癌 jiézhícháng'ái *n.* colorectal cancer
2. 并发 bìngfā *v.* to be complicated by
3. 肠梗阻 chánggěngzǔ *n.* intestinal obstruction
4. 问诊 wènzhěn *v.* to inquire, to diagnose through interrogation
5. 掌握 zhǎngwò *v.* to grasp
6. 性质 xìngzhì *n.* property, nature
7. 体位 tǐwèi *n.* posture, position
8. 伴随 bànsuí *v.* to accompany
9. 诱因 yòuyīn *n.* predisposing cause
10. 间歇性 jiànxiēxìng *adj.* intermittent

程度剧烈，无放射他处，伴腹胀、肛门停止排气排便、呕吐，呕吐物为胃内容物，量少多次。无呕血、黑便、脓血便。2 天前出现无明显诱因的发热，最高体温 39 度，于是来我院就诊。患者自发病以来，食欲、睡眠差，小便正常，近一月体重减轻 5 公斤左右。

另外，请大家再看下儿这个患者的检查报告。患者血常规检查发现炎症指标高，腹部 CT 显示横结肠局部肠壁水肿、增厚，结肠近端肠管明显扩张，可见大量内容物，考虑可能是横结肠恶性肿瘤伴肠梗阻。为了防止患者病情进展导致肠破裂穿孔，与患者家属充分沟通后，我们在急诊下进行了内镜下横结肠肿瘤组织活检以及支架植入。术后，患者成功排气排便，腹痛、腹胀症状得到明显缓解。等病理结果出来后，我们将为患者制订具体的手术方案。

这些关键信息，大家都记清楚了吗？请大家整理一下儿自己的问诊笔记，写一份完整病历。

⑪ 他处 tāchù *n.* elsewhere

⑫ 内容物 nèiróngwù *n.* contents

⑬ 黑便 hēibiàn *n.* melena

⑭ 脓血便 nóngxuèbiàn *n.* bloody purulent stool

⑮ 横结肠 héngjiécháng *n.* transverse colon

⑯ 肠壁 chángbì *n.* intestinal wall

⑰ 增厚 zēnghòu *v.* to thicken

⑱ 近端 jìnduān *n.* proximal end

⑲ 肠管 chángguǎn *n.* intestinal canal

活动

答一答

（1）患者的主诉和现病史是什么？

（2）患者的辅助检查结果怎么样？初步诊断是什么？

（3）患者接受了什么治疗？现在情况怎么样？

说一说

（1）**小组讨论：**在对腹痛症状进行问诊时，应重点掌握哪些方面的信息以及应该如何向病人询问这些信息？

问诊要点	如何询问
时间	您是什么时候开始肚子疼的？

（2）**想一想：**下列两组句子中，A、B 两段话的意思一样吗？如果你要向上级医生汇报患者的情况，A、B 两种表述方式哪种更合适？两种表述方式有什么不一样？

① A：他大概七八天前开始肚子痛，一阵一阵的，感觉是胀痛。痛起来特别厉害。

B：患者入院八天前出现无明显诱因的间歇性上腹部胀痛，程度剧烈。

② A：患者腹痛伴腹胀、肛门停止排气排便、呕吐，呕吐物为胃内容物，量少多次。

B：他感觉肚子胀痛，有点儿便秘，也不怎么放屁。一吃东西就吐，吐得也不多，都是吃下去的东西。

（3）**成段表达：**请根据“任务二”的示例内容，介绍一下儿患者的临床表现。

患者的主诉是……。具体地说，患者8天前出现……，程度……，无……，伴……、……、……，呕吐物为……，量少多次。无……、……、……。2天前患者出现……，……39度。患者自……以来，……、……差，……正常，近一月……。血常规检查发现……，腹部CT显示……、……，……明显扩张，可见……，考虑……。

演一演

小组活动：两人一组，根据场景提示，使用下列词语模拟上级医生和下级医生的对话。

场景提示：下级医生向上级医生汇报患者病情。

并发、肠梗阻、诱因、间歇性、内容物、脓血便、黑便、横结肠、肠壁

任务操练

实践

肠癌是胃肠道常见的恶性肿瘤之一。肠癌的发生与生活方式、遗传等都有较为密切的关系。同时，肠癌的早期筛查对预防肠癌以及改善肠癌的预后都有非常重要的意义。请你查一查相关资料，设计一张肠癌预防的宣传海报。

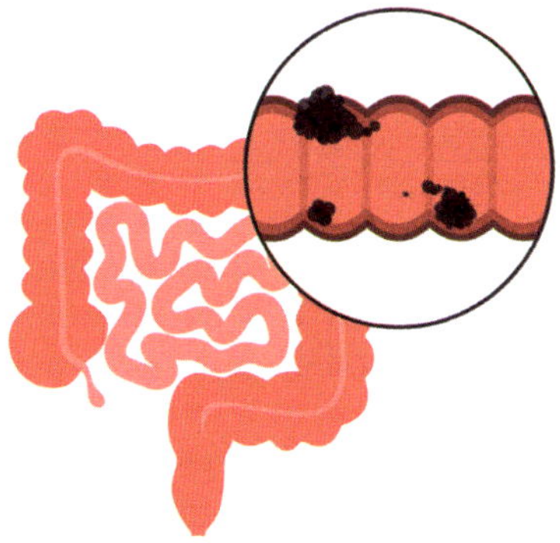

练习

（一）词语搭配

1. 肠管
2. 肠壁
3. 排便
4. 程度
5. 腹部

A. 增厚
B. 通畅
C. 剧烈
D. 胀痛
E. 扩张

（二）选择正确的词语填空

1. 虽然内痔出血或者长期（1）________困难导致的肛裂、肛瘘都会出现便血症状，但考虑患者（2）________有结肠多发息肉的病史，还是有必要再做个肠镜，（3）________一下儿出血原因。

（1）A. 排便　B. 便秘　C. 粪便　D. 通便
（2）A. 然而　B. 往往　C. 既然　D. 既往
（3）A. 的确　B. 确实　C. 明确　D. 确保

2. 患者的血常规检查发现炎症（1）________高，腹部 CT 显示横结肠局部肠壁水肿、增厚，结肠近端肠管明显扩张，（2）________大量内容物。结合患者的症状和体征，我们考虑是横结肠恶性肿瘤（3）________肠梗阻。

（1）A. 数值　B. 项目　C. 指标　D. 标志
（2）A. 可疑　B. 可是　C. 可能　D. 可见
（3）A. 伴　B. 及　C. 且　D. 与

3. 急诊医生认为从患者的症状和辅助检查结果来看，患者有急诊手术（1）________，未见绝对的手术禁忌证。在取得患者家属同意后，急诊医生给患者做了全麻

（2）________的扩大右半结肠切除术以及预防性末端回肠造口术，术中未发现明显的淋巴结（3）________。

（1）A. 指标　　B. 指数　　C. 指征　　D. 指示
（2）A. 上　　B. 中　　C. 下　　D. 里
（3）A. 移动　　B. 活动　　C. 好转　　D. 转移

（三）用指定词语或结构完成对话

1. 妹妹：哥，爸爸的病理报告出来了，真的是肠癌啊！这可怎么办啊？

   哥哥：唉！咱爸都快 90 岁了，这么大年纪，________________________。（A 也不是，B 也不是）咱们赶紧去找医生问问该怎么治疗吧。

2. 家属：医生，我老公的肛门确定保不住了吗？一定要做造口吗？

   医生：从检查结果来看，是需要做造口的。但最终能不能保留肛门，还要看手术的具体情况。如果肛门附近存在病变，____。（不……也……）

3. 实习生 A：重症监护室的那个血管瘤病人怎么样了？

   实习生 B：上午患者家属跟吴主任说他术后一直没有恢复意识，____________。（于是）吴主任检查了以后说患者已经有意识了，让我们继续观察。

（四）阅读语段，选择与语段意思一致的一项

1. 常规肠镜检查后如无不适即可进食，建议进行清淡、易消化普通饮食，软化大便，避免进食刺激性食物，注意保持肛门清洁。肠息肉切除术后建议卧床休息，避免久坐、久站，3 天内避免剧烈运动。如有发热、疼痛、血便、黑便以及其他明显不适症状要及时就医。

   A. 做完肠镜最好吃些清淡、容易消化的东西
   B. 做完肠镜后要卧床休息 3 天
   C. 久坐、久站可能引起便后出血

2. 肠镜可有效筛查并根治癌前病变和早期肠癌。医生建议中低风险人群应从 45 岁起定期进行肠镜检查，而有结直肠癌家族史、个人肠腺瘤或肠息肉病史的高风险人群应从 40 岁就开始进行筛查。如首次检查未发现肠息肉，可每 3 ～ 5 年进行一次肠镜检查。

A. 肠癌高风险人群应该每年做一次肠镜检查

B. 定期进行肠镜检查可以有效预防肠癌

C. 肠癌低风险人群应该从 40 岁开始进行肠镜检查

（五）写作练习

请根据“任务一”的示例内容，写一份病历摘要。

姓名：汪国良　　性别：男　　年龄：63 岁　　就诊科室：消化内科

主　　诉：

现 病 史：

既 往 史：

体格检查：

辅助检查：

初步诊断：

治疗意见：

医生签名：

年　　月　　日

拓展学习

一、词汇

大肠相关词语

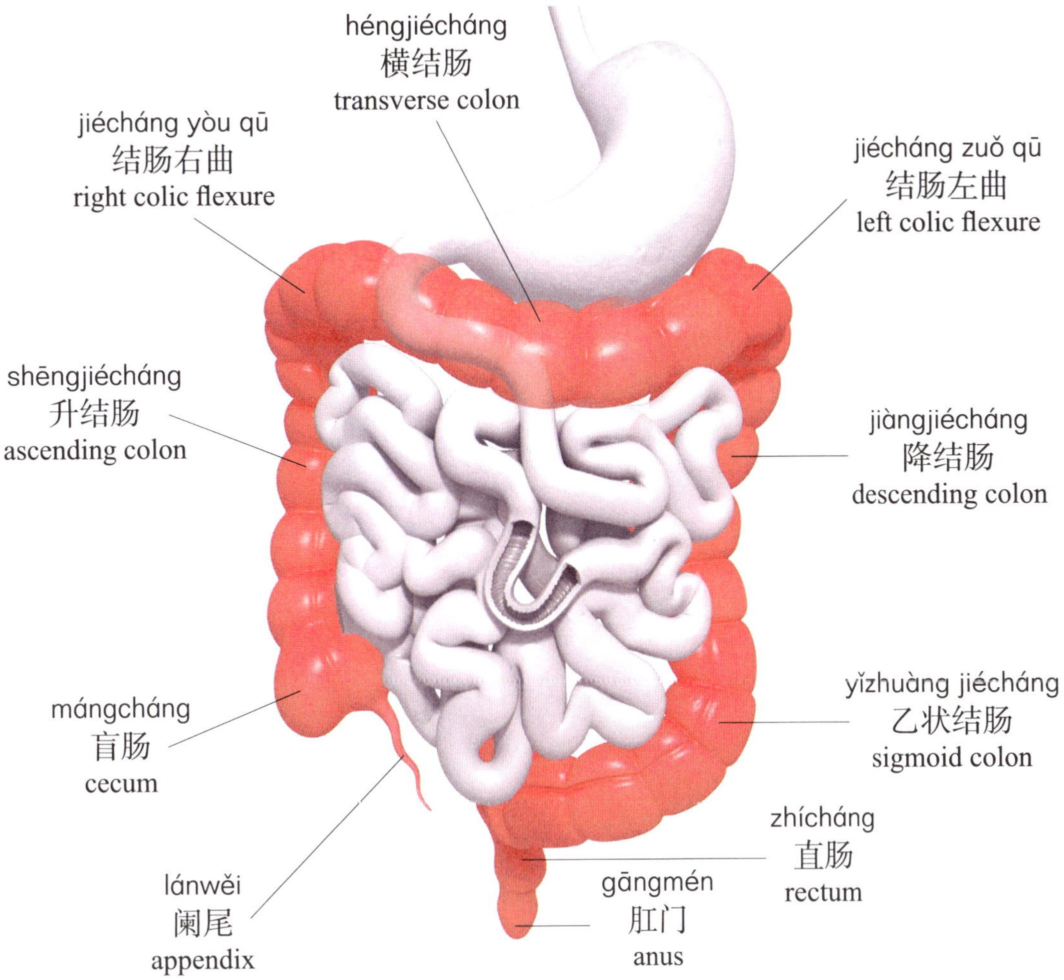

二、阅读

消化道的“电子眼”——胶囊内镜

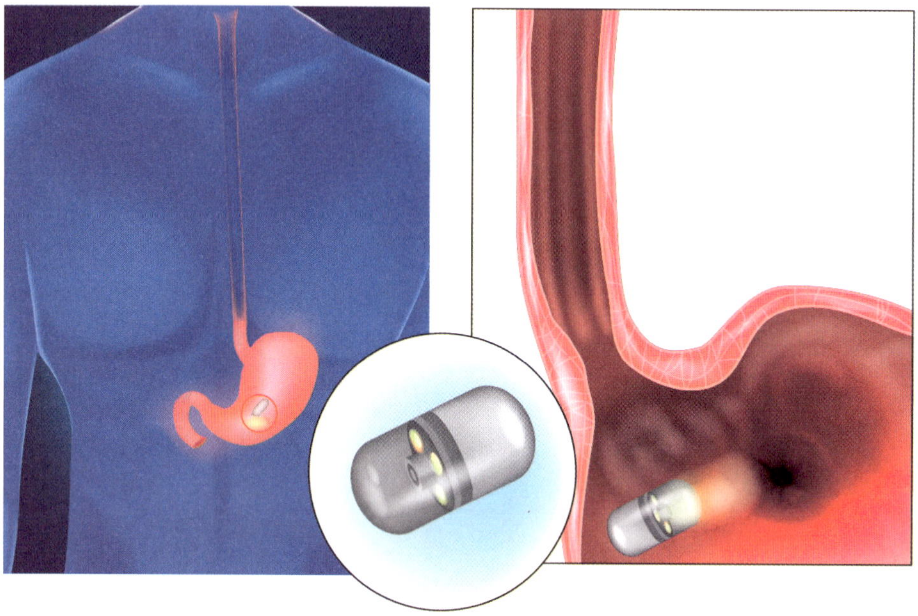

近年来，结直肠癌、胃癌、食管癌等消化道恶性肿瘤的患病率和相关病死率居高不下。“早预防”“早筛查”“早治疗”是提高消化道肿瘤预后的关键。而胃肠镜检查是消化道肿瘤预防和筛查最直接、最有效的手段。因此，医生建议无论男女，无论是否有胃肠道疾病症状，在 40 岁后都应做一次胃肠镜检查。但很多人对胃肠镜都存在抵触情绪，因为说到胃肠镜，很多人想到的都是痛苦与恶心。虽然全麻下的无痛胃肠镜检查可以消除患者的痛苦，但却会给患者带来麻醉风险。部分因各种原因不能通过麻醉评估的患者也无法接受无痛胃肠镜检查。

胶囊内镜的诞生极大地推动了消化道疾病诊疗进一步向无痛、无创化的方向发展。所谓“胶囊内镜”，就是一颗可以拍照的“胶囊”。检查时，患者像吃药一样把胶囊内镜吞下。在胃肠动力的作用下，胶囊内镜会自行在胃肠道内下行，像一个在胃肠道里行走的电子眼一样，沿途拍摄胃、小肠及大肠的图像。图像将以数字的形式传输到患者随身携带的便携式记录装置上。工作完毕后，胶囊内镜将随粪便排出体外。

胶囊内镜的优势在于它不仅具有无痛、无创、检查简便等特点，还具有无交叉感染风险、适用人群广等优势。同时，胶囊内镜还消除了小肠这一消化内镜诊疗盲区，给小肠疾病诊治带来了革命性变化。随着科学技术的进步，人们还在不断研发各类智能胶囊式微型诊疗产品。例如：能在消化道内定点给药的“胶囊”，能在消化道内采样的“胶囊”，能专门探测消化道内部压力和pH值等指标的“胶囊”，甚至是能在体外遥控下完成药物释放、图像采集、组织活检和治疗等多种功能的“胶囊式机器人”。随着人工智能技术在医疗领域应用的不断深入，将有越来越多的“胶囊式机器人”进入临床，为人类健康带来福祉。

(一) 重要医学词语

1. 评估	pínggū	*v.*	to evaluate
2. 胶囊	jiāonáng	*n.*	capsule
3. 便携式	biànxiéshì	*adj.*	portable
4. 交叉感染	jiāochā gǎnrǎn		cross infection
5. 盲区	mángqū	*n.*	blind zone
6. 采样	cǎiyàng	*v.*	to take a sample
7. 释放	shìfàng	*v.*	to release

（二）阅读材料，选择正确答案

1. 预防和筛查消化道肿瘤最直接、最有效的手段是：

A. 做胃肠镜　　B. 做全身麻醉

C. 做呼气试验　　D. 做腹腔镜

2. 关于无痛胃肠镜，下列哪项正确？

A. 所有人都可以做无痛胃肠镜

B. 做无痛胃肠镜要全麻

C. 无痛胃肠镜是小肠疾病诊疗的最佳手段

D. 做无痛胃镜没有任何风险

3. 关于胶囊内镜，下列哪项正确？

A. 胶囊内镜可以像服药一样吞下，无痛无创

B. 胶囊内镜可用于检查整个消化道

C. 胶囊内镜拍摄的图像可以通过手机 APP 实时查看

D. 胶囊内镜可用于长期监测胃肠道疾病的变化

4. 随着新技术的发展，胶囊式微型诊疗产品还可以实现什么功能？

A. 扩张肠管　　B. 切除病变组织

C. 定点给药　　D. 检测幽门螺杆菌

自我评估

一、生词知多少

你认识下列词语吗？如果认识，请在词语前的“□”里画“√”；如果不认识，请再复习复习。

□ 不肯	□ 掌握	□ 性质	□ 充分
□ 鲜红色	□ 糊状	□ 胀痛	□ 放屁
□ 上厕所	□ 冲	□ 开塞露	□ 导泻
□ 排便	□ 痔疮	□ 内痔	□ 脓液
□ 脓血便	□ 肚脐	□ 清肠	□ 肠镜
□ 结肠	□ 横结肠	□ 肠管	□ 肠壁
□ 结直肠癌	□ 肠梗阻	□ 肛门指检	□ 肛裂
□ 肛瘘	□ 问诊	□ 间歇性	□ 近端
□ 内容物	□ 他处	□ 并发	□ 体位
□ 伴随	□ 诱因	□ 黑便	□ 增厚
□ 混合性腺瘤性息肉			

掌握了 25 个以上：非常好，为你点赞！

掌握了 20 ~ 25 个：不错，继续努力！

掌握了 19 个及以下：好好复习，下次加油！

二、你知道怎么说吗？

你知道下列几种情况应该怎么说吗？如果知道，请在句子前的“□”里画“√”。

□ 描述结直肠癌的症状。

□ 对结直肠癌合并肠梗阻患者进行问诊。

□ 书写结直肠癌合并肠梗阻患者的病历。

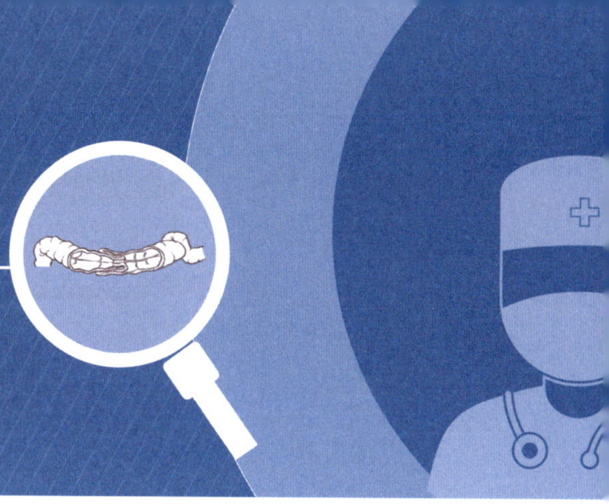

第十六课 肠套叠是不是得做手术啊？

主题热身

一、给下列词语选择对应的图片

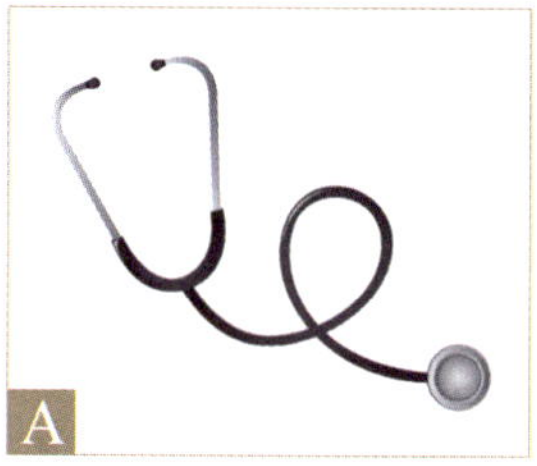
A

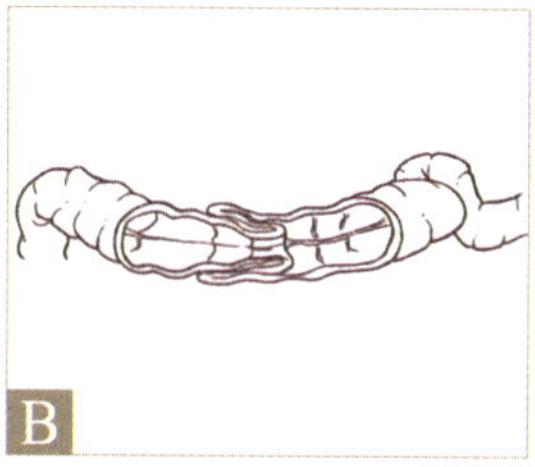
B

C

D

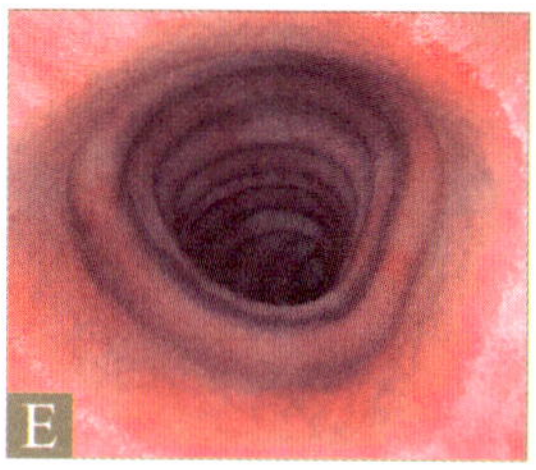
E

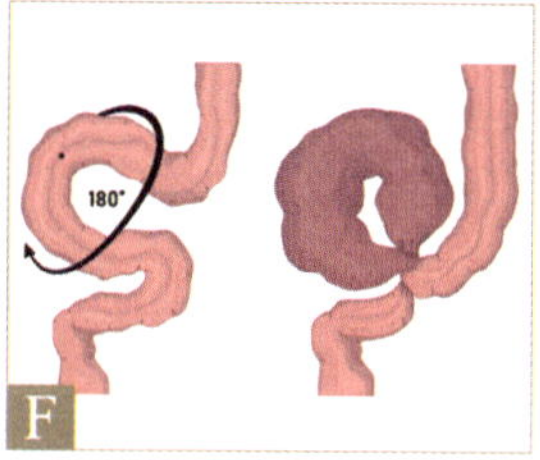

F

1. 肠套叠________　　2. 肠扭转________　　3. 哭闹____________

4. 肠腔__________　　5. 听诊器________　　6. 母乳喂养________

二、听对话，选择正确答案

1. 他们的孩子多大了？

   A. 不到1岁　　B. 1岁　　C. 1岁多

2. 妈妈觉得孩子为什么哭闹？

   A. 发烧了　　B. 肚子疼　　C. 呕吐

3. 孩子今天喝了多少奶？

   A. 600多毫升　　B. 不到300毫升　　C. 不到100毫升

扫描二维码，获取听力音频

任务学习

任务一 小儿肠套叠的问诊

任务描述： 患儿父母因患儿出现间歇性哭闹、便血、呕吐等症状来院就医，小儿外科医生通过问诊、体格检查等做出初步诊断。

准备

语言点 趋向补语的引申用法：动词 / 形容词 + 下来 / 下去

读一读

选择合适的词语填空

A. 下来　　　　B. 下去

1. 肠套叠如果不及时处理，病情发展________，会造成肠坏死、穿孔。
2. 一哭就是半个小时，好不容易停________，睡不了一会儿，醒了又接着哭。

学一学

“下来”“下去”可作为趋向补语用在动词或形容词之后，表示引申意义。

1. “动词 + 下来”可以表示动作已经完成，有时兼有脱离或固定的意思。“动词 + 下去”则表示动作继续进行。

例句

（1）护士帮他把病号服脱下来了。

（2）我已经把主任说的治疗方案都记录下来了。

（3）一系列检查做下来，终于弄清楚了病因。

（4）你快别哭了，再哭下去，眼睛要哭坏了。

2.“动词 + 下来”可以表示动作从过去持续到现在，“动词 + 下去”则表示动作继续进行。

例句

（1）这个药吃下来，我感觉还是很有效的。

（2）前面的化疗你都已经坚持下来了，不要放弃，坚持下去一定会有效果的。

3.“形容词 + 下来”表示某种状态开始出现并继续发展，强调开始出现。“形容词 + 下去”则表示某种状态已经存在并将继续发展，强调继续发展。

例句

（1）病人的心跳慢下来了。

（2）再这么疼下去，我要吃止疼药了。

练一练

用“下来”或者“下去”填空

（1）你不能这样熬夜，这么熬 __________，身体肯定会出问题的。

（2）病人的检查结果还没出来，具体的治疗方案现在还定不 __________。

（3）他已经无法进食了，看着他一天一天地瘦 __________，我心里非常难过。

（4）从去年开始，我每天坚持跑五公里，饮食上也尽量控制，现在终于瘦 __________ 了。

示例

- 科室：小儿外科
- 患儿：李俊义（男，11个月）
- 主治医师：王倩
- 患儿家属：张丽（患儿母亲）
  李志明（患儿父亲）

扫描二维码，获取
课文和生词音频

王　倩：宝贝，不哭了，不哭了。（对患儿家属说）您好！孩子哪儿不舒服？

张　丽：也不知道他是哪儿不舒服，从今天早上开始就哭个没完。一哭就是半个小时，好不容易停下来，睡不了一会儿，醒了又接着哭。晚上七点多的时候发现大便像果酱一样。您看，这是照片。他是不是拉血了？

王　倩：您有没有留大便标本？有的话，可以马上做个粪便隐血试验。

李志明：留了。请您开个单子，我现在就送去检验科。

王　倩：好的。孩子每次哭闹大概间隔多长时间？

张　丽：差不多每隔十几分钟就哭一次。

生词

1. 果酱　guǒjiàng　*n.*　jam
2. 拉血　lā xiě　to have blood in one's stool
3. 哭闹　kūnào　*v.*　to cry
4. 间隔　jiàngé　*v.*　to have an interval
5. 隔　gé　*v.*　to have an interval

王　倩：除了阵发性的哭闹以外，孩子还有什么反常的情况吗？

张　丽：他今天不肯吃辅食，连奶也不怎么喝，只喝了300多毫升，比平时少多了。在家吐了三次，把喝下去的奶全吐出来了。刚才在候诊区又吐了，吐出来的都是黄绿色的。

王　倩：孩子什么时候开始吃辅食的？

张　丽：大概是半个月前开始添加辅食的，之前都是母乳喂养。

王　倩：麻烦您把孩子抱到床上，我给他检查检查。（王医生用手把听诊器捂热后，给患儿听诊）孩子肠鸣音减弱，肚子这儿还有个包块。从他的症状和体征来看，很可能是肠套叠。

张　丽：啊？肠套叠！肠套叠是不是得做手术啊？

王　倩：一般情况下，肠套叠如果发生在48小时以内，可以通过空气灌肠进行诊断并复位。你们赶紧先带孩子去做空气灌肠。肠套叠如

6 反常　fǎncháng　*adj.*　abnormal
7 辅食　fǔshí　*n.*　solid food (for a baby)
8 毫升　háoshēng　*m.*　milliliter (ml)
9 候诊区　hòuzhěnqū　*n.*　waiting area
10 添加　tiānjiā　*v.*　to add
11 之前　zhīqián　*n.*　time before a certain point
12 母乳　mǔrǔ　*n.*　breast milk
13 喂养　wèiyǎng　*v.*　to feed
14 听诊器　tīngzhěnqì　*n.*　stethoscope
15 捂　wǔ　*v.*　to hold in one's hand
16 减弱　jiǎnruò　*v.*　to weaken
17 包块　bāokuài　*n.*　mass
18 肠套叠　chángtàodié　*n.*　intussusception
19 以内　yǐnèi　*n.*　being within a space or time
20 灌肠　guàncháng　*v.*　to give an enema

果不及时处理，病情发展下去，会造成肠坏死、穿孔，甚至会危及孩子生命！

张　丽：好好。我们马上去！

活动

答一答

（1）患儿出现了哪些症状？

（2）患儿做了什么检查？还需要做什么检查？

（3）医生的初步诊断是什么？

说一说

小组讨论：你们认为小儿肠套叠可能出现下列哪些症状？请在对应症状前的“□”里画“√”。如果你们认为还有其他症状，请写在下面。

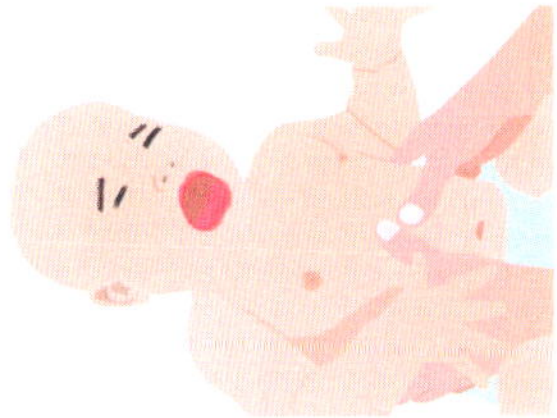

□ 腹痛

□ 呕吐

□ 血便

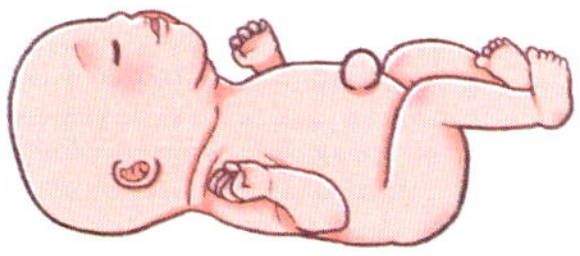

□ 腹部包块

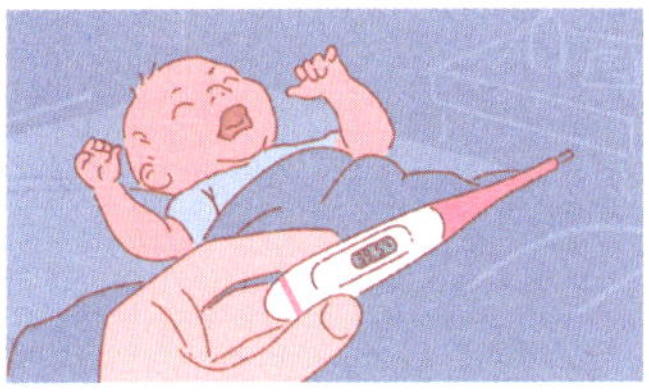

□ 高热

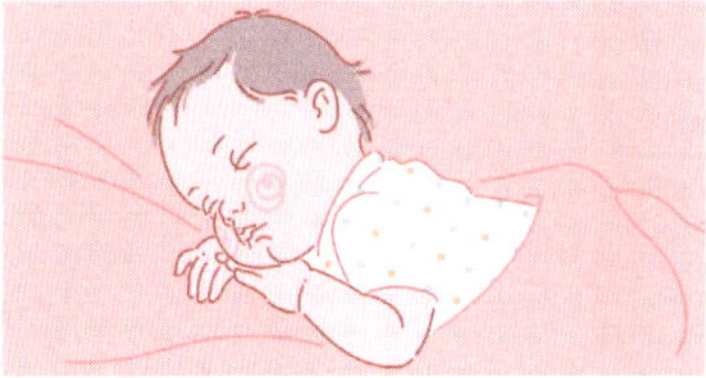

□ 嗜睡

其他症状：____________________

读一读

读报告单，选择正确答案

B 超检查报告单

姓名：李俊义　　性别：男　　年龄：11 月龄
申请科室：小儿外科　　病区床号：57624　　病案号：543-A004
检查部位：全腹　　检查设备：GE LOGIQ E9-129

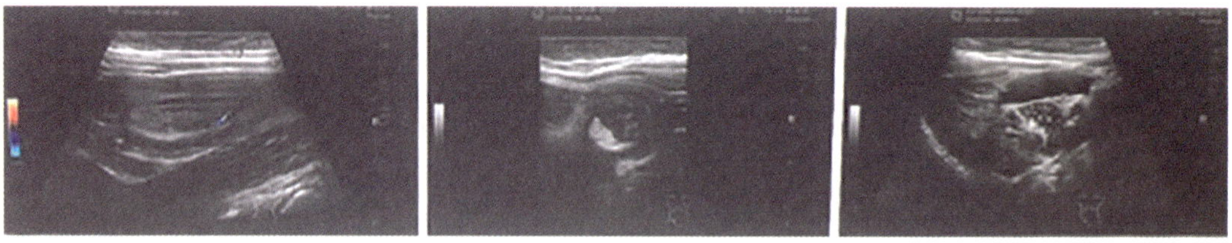

影像学所见：

肝脏外缘光整，形态、大小及各叶比例正常，肝实质密度均匀，未见明显异常密度灶，肝内、外胆管无扩张，肝门结构清楚，未见异常密度影。胆囊不大，囊壁均匀，囊腔未见阳性结石及异常密度灶。脾脏形态、大小正常，脾实质密度均匀，未见异常密度灶。胰腺形态、大小、密度及各叶比例未见异常，胰周脂肪间隙清晰。腹腔及腹膜后未见肿大淋巴结，腹膜腔未见积液。双肾对称，形态及位置未见明显异常，肾实质未见明显异常密度灶，肾周筋膜未见明显增厚。双侧输尿管走行区未见明显异常。膀胱充盈良好，壁未见明显增厚，腔内未见明显异常密度灶。前列腺形态及大小未见明显异常，未见明显异常密度灶。右下腹见一混合回声团块，大小约 6.9 cm×2.6 cm，界尚清，形态欠规则，横切面呈“同心圆”征，可见少量血流信号，近端肠管扩张，肠间隙见少量液性区。

影像学诊断：

1. 右下腹混合性回声团块（肠套叠？）；
2. 肠间隙少量积液。

报告医生：耿莹莹　　审核医生：陆志华　　复核医生：卢广臣
报告时间：××年××月××日

（1）患儿哪个部位出现了混合性回声团块?

A. 左上腹　　B. 右上腹　　C. 左下腹　　D. 右下腹

（2）从影像学检查结果来看，患儿可能是什么病?

A. 肠梗阻　　B. 肠套叠　　C. 肠癌　　D. 肠炎

任务二　疾病介绍：肠套叠

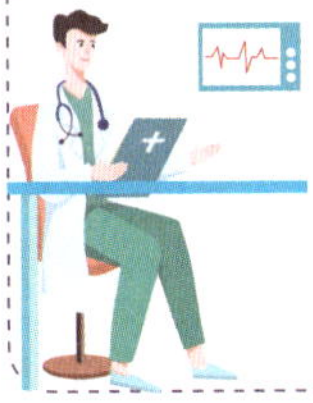

任务描述：急诊外科医生给学生介绍肠套叠相关理论知识。

准备

语言点　介词：于（表时间、处所、范围等）

读一读

读句子，选择与句中加点词语意思一致的一项

绝大多数的原发性肠套叠都发生于婴幼儿。

A. 从　　B. 到　　C. 在

学一学

“于”作为介词，用在动词后面，其后接成分表示时间、处所、范围等，相当于“在”，多用于书面语。在谈论某种疾病的发病人群时，可使用结构“多见 / 多发于 + 人群”；在谈论某种药物或治疗手段的适用人群或情况时，可使用结构“适用于 + 人群 / 情况”。

例句

（1）肠套叠多见于婴幼儿。

（2）小儿急性肠套叠多发于 6 至 36 月龄的婴幼儿。

（3）空气灌肠疗法一般适用于发病在 48 小时以内、全身情况良好的急性小儿肠套叠。

练一练

选择合适的词语填空

A. 于　　B. 为　　C. 及

（1）一般成人肠套叠多________继发性的。

（2）小儿肠套叠腹部触诊多可触________有压痛的肿块。

（3）这种恶性肿瘤多发________青少年。

示例

- 科室：急诊外科（示教室）
- 临床老师：吴卓然
- 课程：外科学见习

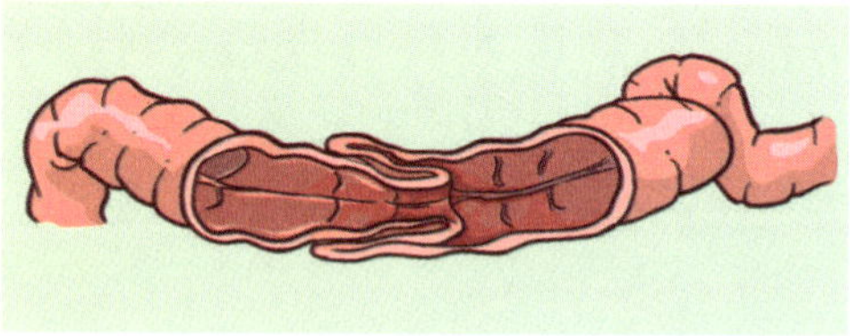

扫描二维码，获取课文和生词音频

大家好！之前给大家介绍了粘连性肠梗阻和肠扭转。今天我们来讲一讲肠套叠。

肠套叠是指部分肠管及其肠系膜套入邻近肠腔所导致的一种肠梗阻。肠套叠多见于婴幼儿，特别是 6 到 36 月龄的婴幼儿，新生儿较为少见，成人肠套叠也较为少见。

绝大多数的原发性肠套叠都发生于婴幼儿，主要是因为婴幼儿回盲部肠系膜还没有完全固定，活动的自由度比较大。成人肠套叠多为继发性的，肠息肉、

生词

1. 肠扭转　chángniǔzhuǎn　*n.*　intestinal volvulus
2. 肠系膜　chángxìmó　*n.*　mesentery
3. 套入　tàorù　*v.*　to slide into, to fold into
4. 邻近　línjìn　*n.*　neighbourhood, vicinity
5. 肠腔　chángqiāng　*n.*　intestinal cavity
6. 婴幼儿　yīng-yòu'ér　*n.*　infants and preschool children
7. 月龄　yuèlíng　*n.*　age of a newborn in months
8. 新生儿　xīnshēng'ér　*n.*　newborn
9. 少见　shǎojiàn　*adj.*　rare
10. 回盲部　huímángbù　*n.*　ileocecal region
11. 自由度　zìyóudù　*n.*　degree of freedom

肠肿瘤等都可能会牵引肠壁发生肠套叠。

发生肠套叠时，患者不仅会出现肠腔梗阻，还会因为肠壁和肠系膜血管受压出现血液循环障碍，导致肠管发生缺血性坏死。因此，肠套叠引发的肠梗阻一般不是单纯性肠梗阻，而是绞窄性肠梗阻。我们讲过肠梗阻、肠坏死可能导致肠壁变薄、穿孔，引发腹膜炎。严重的会出现全身情况的恶化，比如严重脱水、高热、嗜睡、昏迷及休克等。所以我们说急性肠套叠是常见的急腹症之一。

肠套叠的三大典型症状是腹痛、便血和腹部肿块。肠套叠腹痛常表现为突然发生剧烈的阵发性腹痛，婴幼儿腹痛发作时，会哭闹不安，而在腹痛间歇期，又会恢复正常。随着病程进展，还可能伴有反射性呕吐、血便、腹胀等肠梗阻症状。腹部触诊可在肚脐右上方触及腊肠形肿块，肿块可稍微活动，有压痛。超声检查是诊断肠套叠的首选方法。同时，还可以采用X线透视下的空气灌肠疗法对套叠部位进行复位，实现诊断、

⑫ 单纯性肠梗阻 dānchúnxìng chánggěngzǔ simple intestinal obstruction

⑬ 绞窄性肠梗阻 jiǎozhǎixìng chánggěngzǔ strangulated intestinal obstruction

⑭ 薄 báo *adj.* thin

⑮ 腹膜炎 fùmóyán *n.* peritonitis

⑯ 脱水 tuōshuǐ *v.* to dehydrate, to lose body fluids

⑰ 急腹症 jífùzhèng *n.* acute abdomen

⑱ 反射性 fǎnshèxìng *adj.* reflective

⑲ 腊肠形 làchángxíng sausage-shaped

⑳ 首选 shǒuxuǎn *v.* to be the first choice

㉑ 透视 tòushì *v.* to perform fluoroscopy, to be X-rayed

治疗同时完成。不过，空气灌肠疗法一般适用于发病在48小时以内、全身情况良好的急性小儿肠套叠。成人肠套叠多有引起套叠的病理因素，一般建议采用手术治疗。

活动

答一答

（1）绝大多数的小儿肠套叠是哪种肠套叠？

（2）肠套叠会引起哪种类型的肠梗阻？为什么？

（3）肠套叠有哪些典型症状？

（4）哪种检查是肠套叠的首选检查？

说一说

（1）**小组讨论：**小儿肠套叠和成人肠套叠有哪些不同？

小儿肠套叠	成人肠套叠

（2）**想一想：**下列两组句子中，A、B两段话的意思一样吗？如果你要做个疾病介绍，A、B两种表述方式哪种更合适？两种表述方式有什么不一样？

① A：宝宝肚子疼的时候，会一直哭闹，有时候会停一会儿，不哭了，但过一会儿就又开始哭。情况严重的时候，还有可能出现恶心、反复干呕、血便和腹胀等肠梗阻症状。

B：婴幼儿腹痛发作时，会哭闹不安，而在腹痛间歇期，又会恢复正常。随着病程进展，还可能伴有反射性呕吐、血便、腹胀等肠梗阻症状。

② A：腹部触诊可在患儿肚脐右上方触及腊肠形肿块，肿块可稍微活动，有压痛。

B：检查肚子时，在孩子肚脐右上方可以摸到像腊肠一样的肿块，肿块是会动的，按的时候，孩子会感觉到疼。

（3）**成段表达**：请根据“任务二”的示例内容，介绍一下儿肠套叠的典型症状、辅助检查及治疗方法。

肠套叠的三大典型症状是……、……和……。肠套叠腹痛常表现为……，婴幼儿腹痛发作时，会……。随着……，还可能伴有……、……、……等肠梗阻症状。腹部触诊可在肚脐右上方……，肿块可……，有压痛。超声检查是……。同时，还可以采用……对套叠部位进行复位。不过，空气灌肠疗法一般适用于……。

演一演

小组活动：两人一组，根据场景提示，使用下列词语模拟实习生和患者家属的对话。

场景提示：实习生向患者家属介绍什么是肠套叠。

肠套叠、肠系膜、套入、邻近、肠腔、婴幼儿、月龄、新生儿、少见、回盲部、自由度、单纯性肠梗阻、绞窄性肠梗阻、脱水、急腹症

任务操练

实践

小儿急性肠套叠是婴幼儿期常见的急腹症之一。请你查阅相关资料，拍一段视频，向家长们介绍一下儿小儿肠套叠的相关知识，帮助家长们早发现、早送医。

练习

（一）词语搭配

1. 母乳
2. 邻近
3. 反射性
4. 腊肠形
5. 严重

A. 脱水
B. 喂养
C. 肿块
D. 肠腔
E. 呕吐

（二）选择正确的词语填空

1. 临床上，绝大多数的原发性肠套叠都发生于婴幼儿，特别是 2 岁以下的儿童，这主要是因为他们的回盲部肠系膜还没有完全固定，肠管活动的（1）________比较大，导致部分肠管（2）________邻近肠腔。成人和大龄儿童则（3）________继发性肠套叠。

（1）A. 自由度　　B. 绞窄性　　C. 肠系膜　　D. 反射性
（2）A. 插入　　B. 输入　　C. 套入　　D. 加入
（3）A. 多少　　B. 多数　　C. 大多　　D. 多为

2. 肠套叠的三大（1）________症状是阵发性腹痛、便血和腹部肿块。婴幼儿在添加（2）________的时候，容易发生肠套叠，如果家长发现孩子突然出现果酱样大便，同时伴有（3）________原因的大声哭闹和呕吐不止等症状就要特别注意了。

（1）A. 典型　　B. 类型　　C. 种类　　D. 特别
（2）A. 零食　　B. 美食　　C. 辅食　　D. 食物
（3）A. 不明　　B. 不清　　C. 不良　　D. 不佳

3. 肠套叠属于急腹症，如果不（1）________处理，病情发展下去，会造成肠坏死、穿孔，甚至会危及孩子生命。发病在 48 小时（2）________、全身情况良好的急性小儿肠套叠可以（3）________空气灌肠疗法。成人肠套叠一般建议进行手术治疗。

（1）A. 当时　　B. 及时　　C. 按时　　D. 准时
（2）A. 以上　　B. 以前　　C. 以后　　D. 以内
（3）A. 采用　　B. 利用　　C. 费用　　D. 作用

（三）用指定词语或结构完成对话

1. 家属：大夫，孩子今天不知怎么了，总是哭闹，____。（动词 + 起来）

医生：我看一看……孩子肚子上能摸到一个腊肠形的包块。孩子是从什么时候开始出现这种哭闹不止的情况的?

2. 家属：孩子还这么小，怎么会肠套叠？那我们现在该怎么办？

医生：还好你们及时送来了，______________________________。（动词 + 下去）

3. 实习生 A：为什么婴幼儿容易发生肠套叠？

实习生 B：____（于），主要是因为婴幼儿的回盲部肠系膜还没有完全固定，活动的自由度比较大。

（四）阅读语段，选择与语段意思一致的一项

1. 肠套叠指的是部分肠管及其肠系膜套入邻近肠腔内引起的肠梗阻，是婴幼儿常见的急腹症之一。大部分患儿表现为阵发性哭闹不安、果酱样大便、腹部腊肠形包块。继发梗阻时还会出现呕吐等肠梗阻症状，晚期甚至会出现脱水、嗜睡等全身症状。

A. 肠套叠是婴幼儿常见的一种急腹症

B. 所有的患儿都会出现果酱样大便和腊肠形包块

C. 肠套叠继发梗阻时会伴随脱水、嗜睡等症状

2. 小儿肠套叠的治疗方法包括空气灌肠复位术和手术切开复位治疗，治疗方法的选择主要取决于患儿就诊时间的早晚。如果就诊较早，病程不超过 48 小时而且全身情况正常，可以通过空气灌肠疗法进行复位。为避免发生肠套叠，婴幼儿在日常生活中要避免暴饮暴食和饭后剧烈运动，保持大便通畅。

A. 小儿肠套叠只能通过空气灌肠疗法进行复位

B. 发病 3 天后，小儿肠套叠首选空气灌肠疗法

C. 暴饮暴食和饭后剧烈运动可能导致小儿肠套叠

（五）写作练习

请根据“任务一”和“任务二”的示例内容，写一份病历摘要。

姓名：李俊义　　性别：男　　年龄：11 月龄　　就诊科室：小儿外科

主　　诉：

现 病 史：

既 往 史：

体格检查：

辅助检查：

初步诊断：

治疗意见：

医生签名：

年　　月　　日

拓展学习

一、词汇

小肠相关词语

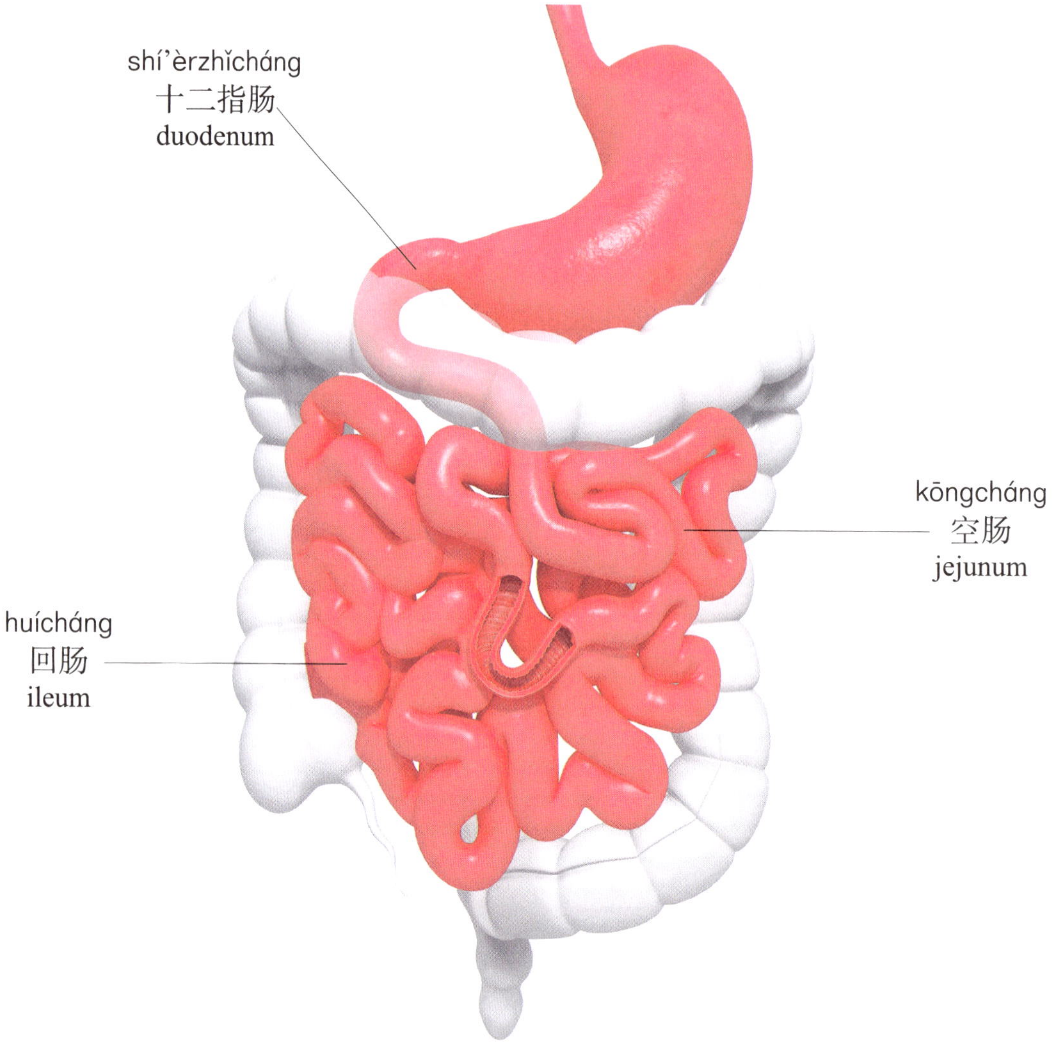

二、阅读

肚子疼真的会要人命

人的一生中，谁没有经历过几次肚子疼呢？肚子疼是人们最常见的不适症状之一。偶尔感觉到肚子有点儿疼，很多人并不会太在意，认为过一会儿就会好转。然而，突如其来的剧烈腹痛就不能再忽视，有时候这样的肚子疼可能真的会“疼死人”。

急性腹痛是急腹症的主要症状之一。急腹症的特点是起病急、变化多、进展快、病情重。急腹症一般都需要进行紧急处理，一旦延误治疗或处理不当，都可能危及患者的生命。腹腔内脏器和血管的病变都可能引发急腹症。腹腔内脏器病变包括穿孔、梗阻、炎症感染、出血等，如：胃十二指肠溃疡穿孔、肠套叠、胃肠道肿瘤或炎性肠病引起的梗阻、急性阑尾炎、急性胆囊炎、急性胰腺炎、胃肠道肿瘤或血管畸形等引起的出血、肝脾创伤性破裂出血等。腹腔内血管病变包括腹主动脉瘤破裂、肠系膜血管血栓形成或栓塞以及其他原因所致的器官血供障碍，如：绞窄疝、肠扭转等。此外，男性患者出现急性腹痛时还需注意是否存在睾丸扭转，而女性病人出现的急性腹痛也可能与部分妇产科疾病有关，如：急性盆腔炎、卵巢肿瘤蒂扭转、异位妊娠等。

因此，如何快速、正确地对急腹症进行定位和定性诊断是急腹症治疗和处理的关键。首先，应通过详细询问病史了解患者腹痛的诱因、部位、性质、程度以及腹痛发生的缓急情况，了解患者是否出现消化道症状以及其他伴随症状，并掌握患者的既往史、个人史等其他病史。其次，应对患者进行认真细致的体格检查。在此基础上，结合实验室检查、影像学检查、内镜检查、腹腔镜检查等辅助检查结果，对急腹症的具体病因进行诊断和鉴别诊断。对于病情严重、病因复杂的急腹症患者，还需要通过多科室会诊来明确诊断。

在某些情况下，虽然暂时不能明确诊断，但患者存在明确的手术探查指征，如脏器出现血供障碍、腹膜炎有扩散倾向、腹腔有活动性出血、非手术治疗病情无改善或恶化等，应立即进行急症手术。手术的首要目的是挽救患者生命，其次是根治疾病。在条件允许的情况下，尽可能将患者的病灶一次性根治。如果患者病情较为危重，可等患者病情稳定后再进行根治性手术。

（一）重要医学词语

1. 延误	yánwù	*v.*	to delay
2. 腹主动脉瘤	fùzhǔdòngmàiliú	*n.*	abdominal aortic aneurysm
3. 血供障碍	xuègōng zhàng'ài		blood supply disorder
4. 绞窄疝	jiǎozhǎishàn	*n.*	strangulated hernia
5. 蒂	dì	*n.*	the base of a fruit
6. 异位妊娠	yìwèi rènshēn		ectopic pregnancy
7. 个人史	gèrénshǐ	*n.*	personal history

8. 探查	tànchá	*v.*	to explore
9. 倾向	qīngxiàng	*n.*	inclination

（二）阅读材料，选择正确答案

1. 为什么急性腹痛可能真的会“疼死人”？

   A. 因为急性腹痛都是致命的

   B. 因为急腹症延误治疗或处理不当会危及生命

   C. 因为急腹症都要进行急症手术

   D. 因为急性腹痛是最常见的不适症状之一

2. 下列哪种疾病属于急腹症？

   A. 胃食管反流病　　B. 急性胃炎

   C. 卵巢囊肿　　D. 肠套叠

3. 急腹症诊断和鉴别诊断的基础是：

   A. 询问病史和体格检查　　B. 影像学检查

   C. 内镜检查　　D. 腹腔镜检查

4. 下列哪项属于急腹症的急症手术指征？

   A. 患者出现腹膜刺激征

   B. 患者胃肠道出现局部梗阻

   C. 患者脏器血供障碍，出现坏死

   D. 患者腹腔有积液

自我评估

一、生词知多少

你认识下列词语吗？如果认识，请在词语前的“□”里画“√”；如果不认识，请再复习复习。

□ 果酱	□ 拉血	□ 哭闹	□ 间隔
□ 隔	□ 反常	□ 辅食	□ 毫升
□ 候诊区	□ 添加	□ 喂养	□ 母乳
□ 减弱	□ 听诊器	□ 捂	□ 包块
□ 肠套叠	□ 以内	□ 肠扭转	□ 肠系膜
□ 套入	□ 邻近	□ 肠腔	□ 婴幼儿
□ 月龄	□ 新生儿	□ 少见	□ 回盲部
□ 自由度	□ 单纯性肠梗阻	□ 绞窄性肠梗阻	□ 薄
□ 腹膜炎	□ 脱水	□ 急腹症	□ 反射性
□ 腊肠形	□ 首选	□ 透视	□ 灌肠
□ 之前			

掌握了 25 个以上：非常好，为你点赞！

掌握了 20 ～ 25 个：不错，继续努力！

掌握了 19 个及以下：好好复习，下次加油！

二、你知道怎么说吗？

你知道下列几种情况应该怎么说吗？如果知道，请在句子前的“□”里画“√”。

□ 对小儿肠套叠进行问诊。

□ 介绍肠套叠的发病人群、临床表现和辅助检查。

□ 说明小儿肠套叠和成人肠套叠的不同。

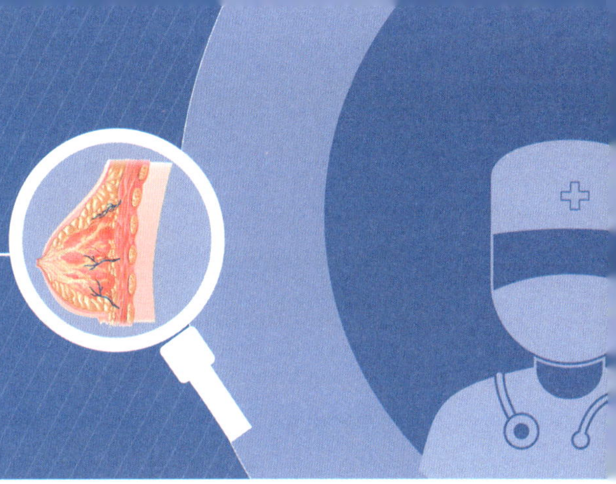

第十七课

我是不是得乳腺炎了啊？

主题热身

一、给下列词语选择对应的图片

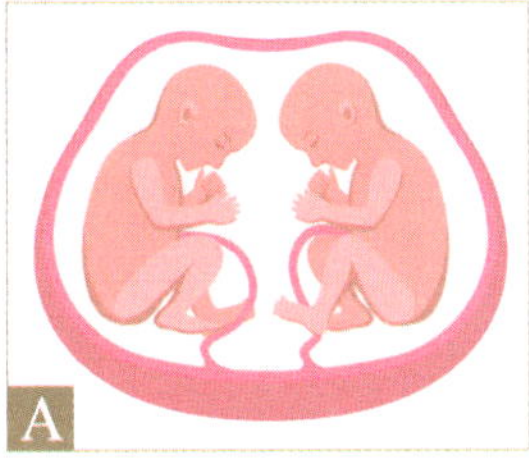

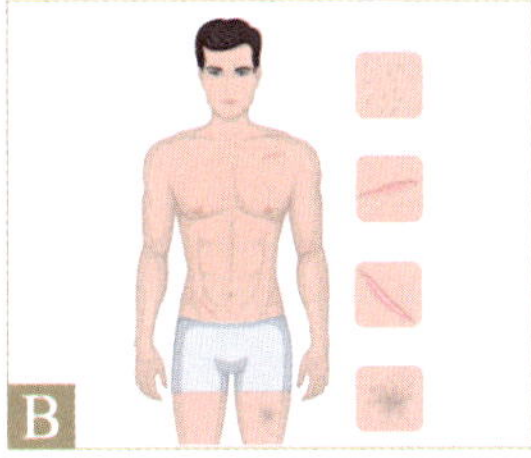

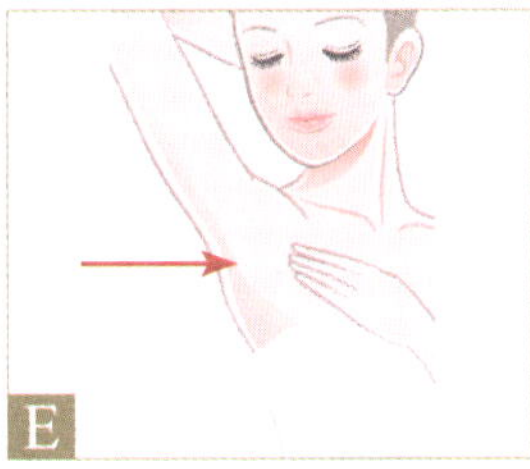

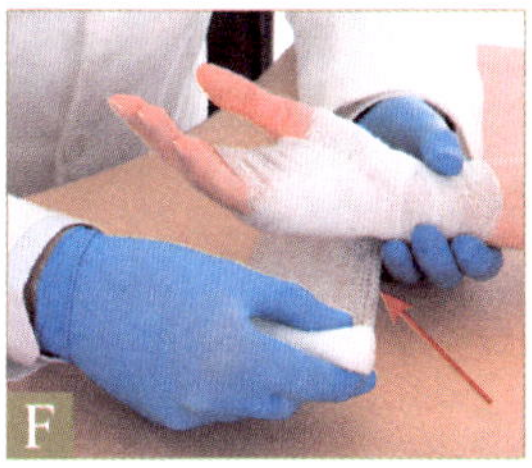

1. 哺乳__________ 2. 纱布________ 3. 腋窝________

4. 双胞胎________ 5. 疤__________ 6. 食指________

二、听对话，选择正确答案

1. 女的怎么了？

A. 着凉了　　B. 发烧了　　C. 流鼻涕了

2. 女的什么时候开始感觉到涨奶？

A. 昨天夜里　　B. 今天早上　　C. 昨天下午

3. 女的为什么不吃消炎药？

A. 对药物过敏　　B. 在哺乳期　　C. 热敷有用

扫描二维码，获取听力音频

任务学习

任务一　急性乳腺炎的问诊

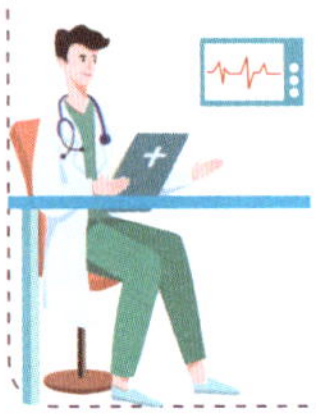

任务描述：患者因左侧乳房胀痛、高热到乳腺外科就医，医生初步诊断是急性乳腺炎。

准备

语言点 1　程度补语：形容词 / 动词 + 得 + 不行

读一读

读句子，选择与句中加点词语意思一致的一项

今天早上起床，感觉左边乳房又硬又胀，疼得不行，还发烧了。

A. 有点儿疼

B. 不是很疼

C. 非常疼

学一学

“形容词 / 动词 + 得 + 不行”中的“不行”做程度补语，常用在口语中表示程度高。这一结构中的形容词或动词一般是表示感觉、身体状况、心理活动的。

例句

（1）听到这个消息，她高兴得不行。

（2）今天在急诊科值班，从早忙到晚，累得不行。

（3）我已经咳嗽一个多月了，一说话就咳得不行。

练一练

用“形容词 / 动词 + 得 + 不行”完成句子

（1）天气一冷，我的哮喘就发作了。一爬楼梯，________________。

（2）我今天一整天都没吃东西，________________。

（3）________________，回到家一躺下就睡着了。

语言点 2　看来：表示判断或估计

读一读

读句子，选择可以替换句中加点词语的一项

看来您经常涨奶，是吗？

A. 解释　　B. 显示　　C. 说明

学一学

“看来”用来表示通过对客观情况或者现象的观察，得出某种判断或估计。

例句

（1）现在都九点了，看来他今天是不会来了。

（2）他这次病得很重，看来得住院了。

（3）天突然变得这么黑，看来要下雨了。

练一练

用“看来”完成句子

（1）他今天特别高兴，________________。

（2）最近她的血糖控制得很好，________________。

（3）她既不想节食（jiéshí，to be on a diet），又不想运动，________________。

示例

- 科室：乳腺外科（门诊）
- 患者：王小璐（女，30 岁）
- 主治医师：卢静

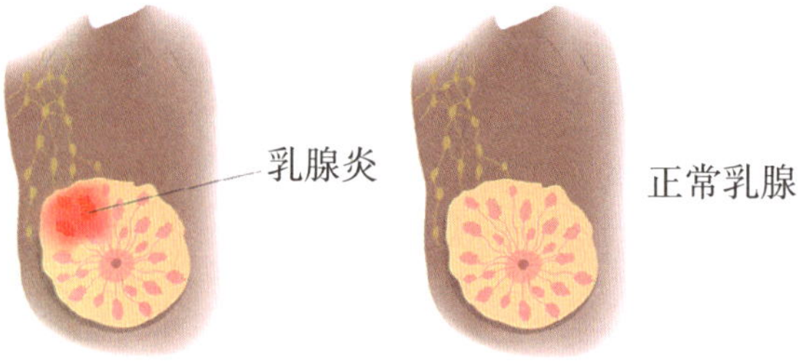

扫描二维码，获取课文和生词音频

卢　静：您好！您哪儿不舒服？

王小璐：今天早上起床，感觉左边乳房又硬又胀，疼得不行，还发烧了。我是不是得乳腺炎了啊？

卢　静：现在还发烧吗？

王小璐：还在烧。刚才候诊的时候，护士给我量了，38 度。早上最高烧到 39 度了。

卢　静：自己有没有吃什么药？

王小璐：没有。因为在哺乳，自己也不敢乱吃药。

卢　静：孩子多大了？是第一胎吗？

王小璐：是第一胎，但是是双胞胎，才一个多月大。

卢　静：是母乳喂养吗？

王小璐：母乳不怎么够吃，也吃点儿奶粉，是混合喂养。

卢　静：母乳都不够吃的话，一般不容

生 词

1. 乳房 rǔfáng *n.* breast, mamma
2. 乳腺炎 rǔxiànyán *n.* mastitis
3. 哺乳 bǔrǔ *v.* to breastfeed
4. 胎 tāi *m.* birth, farrow
5. 双胞胎 shuāngbāotāi *n.* twins
6. 奶粉 nǎifěn *n.* milk powder, powdered milk

易得乳腺炎啊。

王小璐：我母乳还是挺多的，但是因为我乳头内陷，孩子总吸不出来。

卢　静：看来您经常涨奶，是吗？

王小璐：是的，昨天半夜感觉有点儿胀，没想到早上起来就疼得不行了。

卢　静：这样不行，感觉涨奶，就要及时排空，乳汁淤积很容易引起乳腺炎。麻烦您把衣服解开，我先给您检查检查。（医生检查患者乳房）我看您乳房侧面有个疤，是做过什么手术吗？

王小璐：嗯，七八年前因为乳腺纤维腺瘤做过手术。

卢　静：乳头内陷是近期才出现的吗？

王小璐：不是，一直都这样。

卢　静：好的。从您的症状来看，应该是急性乳腺炎。

王小璐：乳腺炎用抗生素的话，还能哺乳吗？

卢　静：服用抗生素期间，一般不建议哺乳。如果炎症不是很严重，也

7 乳头　rǔtóu　*n.*　nipple
8 内陷　nèixiàn　*v.*　to retract into, to invert
9 吸　xī　*v.*　to suck
10 涨奶　zhàngnǎi　*v.*　to have distension and fullness in the breasts because of galactosis
11 排空　páikōng　*v.*　to drain out
12 乳汁　rǔzhī　*n.*　breast milk
13 解　jiě　*v.*　to untie
14 侧面　cèmiàn　*n.*　side
15 疤　bā　*n.*　scar
16 乳腺纤维腺瘤　rǔxiàn xiānwéixiànliú　*n.*　breast fibroadenoma

可以考虑使用外用的中成药金黄散。它的主要用途是消肿镇痛。把它涂抹在乳房表面，再用纱布覆盖就可以了。

王小璐：那您就给我开这个金黄散吧。

卢　静：您得先去抽个血看看炎症程度。要是感染比较严重，还是得搭配使用抗生素。如果出现脓肿，那就得切开引流了。

王小璐：啊？乳腺炎会这么严重啊？抽血结果多久能出来？

卢　静：大概二十多分钟就能出结果。抽完血，请您在候诊区耐心等候一下儿。

王小璐：好的，谢谢您！

17 外用 wàiyòng *v.* to apply externally
18 中成药 zhōngchéngyào *n.* Chinese patent medicine
19 金黄散 jīnhuángsǎn *n.* Jinhuangsan Ointment
20 用途 yòngtú *n.* use, application
21 涂抹 túmǒ *v.* to smear
22 纱布 shābù *n.* gauze
23 覆盖 fùgài *v.* to cover
24 搭配 dāpèi *v.* to combine with
25 切开 qiēkāi *v.* to incise
26 等候 děnghòu *v.* to wait

活动

答一答

（1）患者出现了哪些症状？

（2）患者做过什么手术？

（3）患者想用什么药治疗？为什么？

说一说

小组讨论：你们认为急性乳腺炎可能出现下列哪些症状？请在对应症状前的“□”里画“√”。如果你们认为还有其他症状，请写在下面。

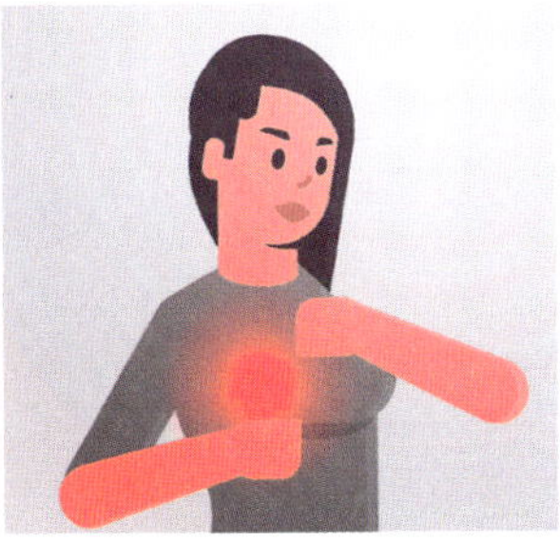

□ 乳房胀痛

□ 发热

□ 心跳加快

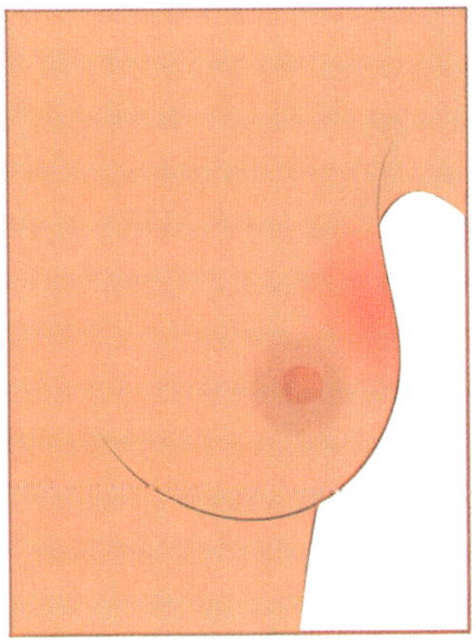

□ 乳房红肿

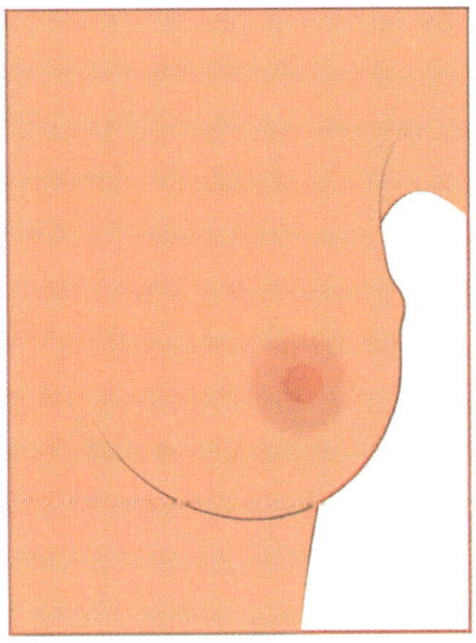

□ 乳房肿块

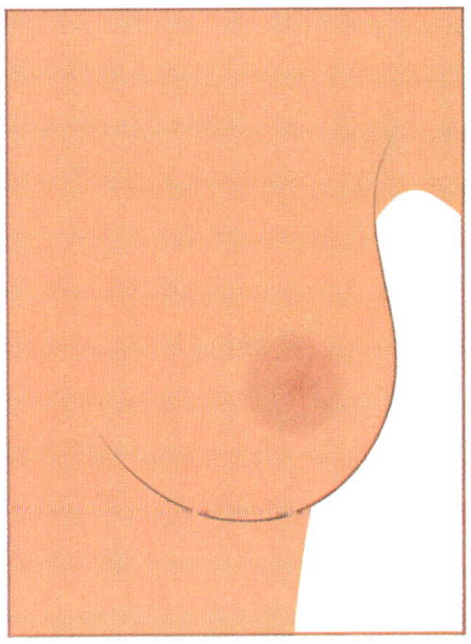

□ 乳头内陷

其他症状：____

读一读

读报告单，选择正确答案

彩超检查报告单

姓名：王小璐　　性别：女　　年龄：30 岁

体检号：87607　　检查部位：双侧乳腺

影像学所见：

双侧乳腺腺体稍增厚，结构稍紊乱，内回声欠均匀，可见散在片状低回声区，于双侧乳腺探及数个低回声结节，大者分别约 1.26 cm×0.6 cm（右）、0.94 cm×0.46 cm（左），界限清楚，内回声欠均匀，CDFI：结节内及周边未见明显血流信号。

双侧腋窝未探及肿大淋巴结。

双侧腋动脉未见异常。

影像学诊断：

双侧乳腺多发实性结节（BI-RADS：3 类），建议随访。

报告医生：庄元　　审核医生：李桦　　复核医生：郑立

报告时间：××年 ××月 ××日

（1）患者什么部位发现了结节？

A. 左乳　　B. 右乳　　C. 双乳　　D. 腋窝

（2）关于患者的检查结果，下列哪项正确？

A. 腋窝淋巴结肿大　　B. 结节是多发性的

C. 乳腺增生　　D. 结节是恶性的

任务二　介绍乳腺癌防治知识

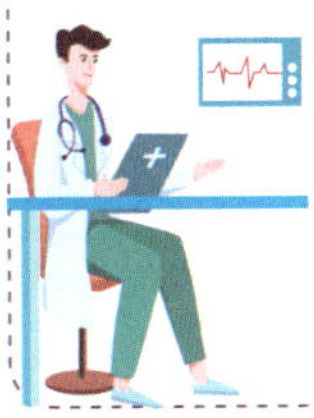

任务描述： 乳腺外科主任到某大学为女性师生做关于乳腺癌防治的健康宣传教育讲座。

准备

语言点 1　固定格式：……居……×位

读一读

读句子，选择与句子意思一致的一项

乳腺癌的发病率居女性恶性肿瘤的首位。

A. 乳腺癌的发病率是女性恶性肿瘤中最低的

B. 乳腺癌是发病率最高的恶性肿瘤

C. 乳腺癌的发病率在女性恶性肿瘤中排第一位

学一学

“居”一般用在书面语中，表示位于、处于，常用固定格式“……居……×位”表示排名。其中，“居”后面的部分用来表示排名所处的范围，“×”为表示顺序的序数词，如第一、第二等。“第一位”也常用“首位”表示，强调其突出性。

例句

（1）据统计，中国的 GDP 总量居世界第二位。

（2）目前，我校的来华留学生数量居全省高校的首位。

（3）据统计，中国的糖尿病患者人数已经居全球首位。

练一练

用“……居……X 位”改写句子

（1）这个冬季，到哈尔滨旅游的人数是全国最多的。

____

（2）心脑血管疾病的死亡率是慢性病中最高的。

____

（3）目前，我们医院的手术量在全省排第二位。

____

语言点 2 介词：将

读一读

读句子，选择与句中加点词语意思一致的一项

保持站立姿势，将左手放于脑后。

A. 由　　B. 把　　C. 为

学一学

介词“将”一般用于书面语，用来引出受事，相当于“把”。

例句

（1）为了将治疗进行下去，医生耐心地向家属解释，希望他们不要放弃。

（2）乳腺穿刺活检需要在超声引导下，用穿刺针将病变部分活组织取出进行组织学检查。

（3）空气灌肠是从患者肛门插入一条管道，将空气注入肠道，利用空气的压力使肠套叠复位。

练一练

选择合适的词语填空

A. 于　　　　B. 将　　　　C. 对

（1）宫腔镜（gōngqiāngjìng，hysteroscope）可以________宫腔内病变进行观察、诊断及治疗。

（2）宫腔镜是一种广泛应用________妇科疾病诊疗的微创技术。

（3）如果子宫内膜息肉不大的话，宫腔镜在检查的同时，就可以直接________息肉切除。

示例

- 地点：图书馆报告厅
- 讲座专家：王梦洁
- 讲座题目：女性健康系列讲座

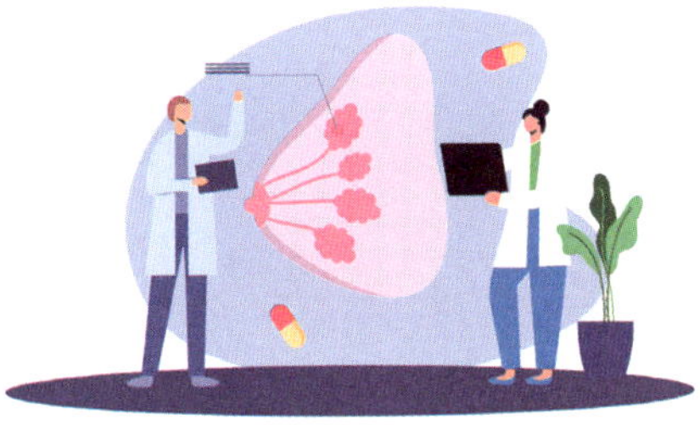

扫描二维码，获取课文和生词音频

大家好！乳腺癌是女性最常见的恶性肿瘤之一。在部分大城市，乳腺癌的发病率居女性恶性肿瘤的首位，且有逐年上升和年轻化的趋势。而早预防、早发现、早治疗是预防乳腺癌的有效途径。

为了更好地预防乳腺癌，我们建议女性朋友们每月在月经来潮后的第 7 到 14 天进行一次乳腺自我检查。下面，我们就详细介绍一下儿如何进行乳腺自我检查。

首先，两手下垂站立，注意观察两

生　词

1. 乳腺癌　rǔxiàn'ái　*n.*　breast cancer
2. 逐年　zhúnián　*adv.*　year by year
3. 途径　tújìng　*n.*　path
4. 月经来潮　yuèjīng láicháo　to menstruate
5. 下垂　xiàchuí　*v.*　to droop, to hang down
6. 站立　zhànlì　*v.*　to stand

侧乳房的形状、大小是否对称，有无凹陷，乳房皮肤是否有脱皮、湿疹、红肿、溃疡等异常情况。双手叉腰、挺胸再观察一遍。

其次，保持站立姿势，将左手放于脑后，用右手食指、中指、无名指三指的指腹，由乳头开始，由内向外检查左侧乳房 3 到 4 圈，认真检查乳房是否有肿块或凹凸不平的情况。用同样的方法检查右侧。同时，还要注意检查锁骨下方、胸骨中线、肋骨下缘及腋窝是否出现淋巴结肿大。然后，采用平卧位，用同样的方法再检查一遍左右侧乳房。

最后，用大拇指和食指轻轻挤压乳头，注意观察乳头是否有异常分泌物。

请大家注意，虽然乳腺自我检查可以帮助大家及时发现乳房异常情况，但它并不能代替乳腺癌筛查。大家还是要定期进行体检和乳腺癌筛查。对于 40 岁以上的女性朋友们，我们建议最好每年进行一次乳腺 X 线钼靶检查和乳腺 B 超检查。

7 对称 duìchèn *adj.* symmetric
8 凹陷 āoxiàn *v.* to be concave
9 脱皮 tuōpí *v.* to shed skin
10 湿疹 shīzhěn *n.* eczema
11 叉腰 chāyāo *v.* to stand akimbo, to rest one's hands on one's hips
12 挺胸 tǐngxiōng *v.* to throw one's chest out
13 食指 shízhǐ *n.* index finger
14 中指 zhōngzhǐ *n.* middle finger
15 无名指 wúmíngzhǐ *n.* ring finger
16 指腹 zhǐfù *n.* finger pulp
17 圈 quān *n.* circle
18 凹凸不平 āo tū bù píng lumpy
19 下缘 xiàyuán *n.* inferior margin
20 腋窝 yèwō *n.* armpit, axilla
21 大拇指 dàmǔzhǐ *n.* thumb
22 挤压 jǐyā *v.* to squeeze
23 乳腺 X 线钼靶检查 rǔxiàn X xiàn mùbǎ jiǎnchá mammography

活动

答一答

（1）专家建议最好在什么时候做乳腺自我检查？

（2）做乳腺自我检查时，要注意观察什么？

（3）做乳腺自我检查时，除了要检查乳房，还应检查哪些部位？

（4）除了做乳腺自我检查，40 岁以上的女性最好还要定期做哪些检查？

说一说

（1）**小组讨论：**根据提示，说一说应该如何进行乳腺自我检查。

看	
摸	
挤	

（2）**想一想：**下列两组句子中，A、B 两段话的意思一样吗？如果你要向普通社区居民介绍乳腺自检的方法，A、B 两种表述方式哪种更合适？两种表述方式有什么不一样？

① A：视诊（shìzhěn，to diagnose through observation）时最好采用直立位，观察两侧乳房的形状、大小是否对称，有无凹陷，皮肤有无红肿、湿疹、脱皮。

B：大家可以两手下垂站立，注意观察一下儿两边乳房的形状、大小是不是对称，有没有凹陷，乳房皮肤有没有出现红肿、湿疹和脱皮的情况。

② A：乳腺检查范围应扩大至双侧锁骨下、胸骨中线、肋骨下缘及腋窝淋巴结。

B：检查时，还要摸摸两边的锁骨下边、胸口、乳房下边和腋窝有没有出现肿块。

（3）**成段表达**：请根据“任务二”的示例内容，介绍乳腺自我检查的方法。

首先，……站立，观察两侧乳房的……、……是否……，有无……，乳房皮肤是否有……、……、红肿、……等异常情况。……、……再观察一遍。

其次，保持……，将左手……，用右手……、……、……，由……开始，……检查左侧乳房……圈，认真检查乳房是否有……或……的情况。用同样的方法检查右侧。同时，还要注意检查……、……、……及……是否出现……。然后，采用……，用……再检查一遍……。

最后，用……和……轻轻……，注意观察……。

演一演

小组活动：两人一组，根据场景提示，使用下列词语模拟医生和病人的对话。

场景提示：病人出现乳房胀痛，担心自己得了乳腺癌，到乳腺外科就诊。乳腺外科医生对病人进行体格检查，并向病人说明体格检查的结果以及需要做的辅助检查项目。

叉腰、下垂、月经来潮、触诊、乳头、对称、凹陷、挤压、凹凸不平、腋窝、乳腺癌、钼靶

任务操练

实践

每年的十月是世界乳腺癌防治月。请你为学校的乳腺癌防治宣传活动设计一张中文海报。

练习

（一）词语搭配

1. 乳头
2. 乳汁
3. 乳房
4. 月经
5. 湿疹

A. 胀痛
B. 来潮
C. 淤积
D. 复发
E. 内陷

（二）选择正确的词语填空

1. 急性乳腺炎多发于产后（1）________妇女，临床主要表现为红、肿、热、痛以及局部肿块等。一般情况下，如果炎症不是很严重，可以先将用来消肿、（2）________的中成药金黄散涂抹在乳房表面，再用纱布（3）________ 就可以了。

（1）A. 哺乳期　B. 收缩期　C. 半衰期　D. 妊娠期

（2）A. 绞痛　B. 阵痛　C. 镇痛　D. 酸痛

（3）A. 覆盖　B. 缝合　C. 拔除　D. 冲洗

2. 早预防、早发现、早治疗是预防乳腺癌的有效（1）________。定期进行乳腺癌筛查和乳房自我检查可以较早地发现乳腺癌，我们建议女性朋友们每 3 个月进行 1 次乳房自我检查，月经规律的女性最佳的检查时间为月经（2）________后的第 7 ~ 14 天。如果自查发现乳房皮肤脱皮、乳头（3）________等异常变化，应及时就医。

（1）A. 用途　B. 方案　C. 指征　D. 途径

（2）A. 来潮　B. 潮湿　C. 干燥　D. 去除

（3）A. 下垂　B. 对称　C. 内陷　D. 凹凸

3. 乳腺癌是中国女性最常见的恶性肿瘤之一。其发病率（1）________女性恶性肿瘤的首位，并且有（2）________上升和年轻化的趋势。定期进行乳腺癌（3）________是乳腺癌早发现、早治疗的主要手段。目前乳腺癌的检查方法主要有乳腺 B 超、乳腺 X 线钼靶和核磁共振三种。

（1）A. 于　B. 居　C. 约　D. 呈

（2）A. 周年　B. 每年　C. 前年　D. 逐年

（3）A. 复查　B. 筛查　C. 排除　D. 保健

（三）用指定词语或结构完成对话

1. 患者儿子：姐，你看，咱爸的降压药怎么剩了这么多啊？

患者女儿：____。（看来）

2. 妻子：老公，不逛了，咱们快回家吧。

丈夫：怎么了？不是你说要出来逛街的吗？

妻子：我得回去喂奶了，我两边乳房已经________________________。

（形容词 / 动词 + 得 + 不行）

丈夫：好，那咱们赶紧回去吧。

3. 医生 1：宫颈癌是严重危害女性健康的恶性肿瘤之一，发病率 ______________ ______________________________（……居……× 位），仅次于乳腺癌。

医生 2：希望女性朋友们都能重视 HPV 疫苗的接种，定期进行宫颈筛查。

（四）阅读语段，选择与语段意思一致的一项

1. 乳腺炎是哺乳期女性常见的疾病，特别是急性化脓性乳腺炎。急性化脓性乳腺炎在初产妇（chūchǎnfù，primipara）中的发病率要明显高于经产妇（jīngchǎnfù，multipara），常发生于初产妇产后 1 到 2 个月内。初产妇常因哺乳经验不足或哺乳方法不当导致排乳不畅、乳汁淤积，出现细菌感染，引发急性乳腺炎。此外，乳头发育不良、乳头内陷等原因更容易导致排乳不畅、乳汁淤积。

   A. 急性化脓性乳腺炎更容易发生于经产妇

   B. 急性化脓性乳腺炎发病的主要原因是乳头内陷

   C. 初产妇常因乳汁淤积引发急性化脓性乳腺炎

2. 乳腺结节是乳腺组织中形成的硬块或肿瘤，可能是实质性的，也可能是囊性的。许多女性都会发现自己有乳腺结节。有些女性发现自己有乳腺结节后，就会非常担心。实际上，大多数的乳腺结节是良性的，其恶变的概率比较低。有些结节可能是由于激素变化引起的正常乳腺组织增生，有些结节可能是囊肿或纤维腺瘤等良性肿瘤。因此，无须为此过分焦虑。

   A. 乳腺结节都是良性的，不会发生恶变

   B. 女性体内激素变化会引起正常的乳腺组织增生

   C. 乳腺纤维腺瘤是乳腺癌的一种

（五）写作练习

请根据“任务一”的示例内容，写一份病历摘要。

姓名：王小璐　　性别：女　　年龄：30 岁　　就诊科室：乳腺外科

主　　诉：

现 病 史：

既 往 史：

体格检查：

辅助检查：

初步诊断：

治疗意见：

医生签名：

年　　月　　日

拓展学习

一、词汇

女性乳房相关词语

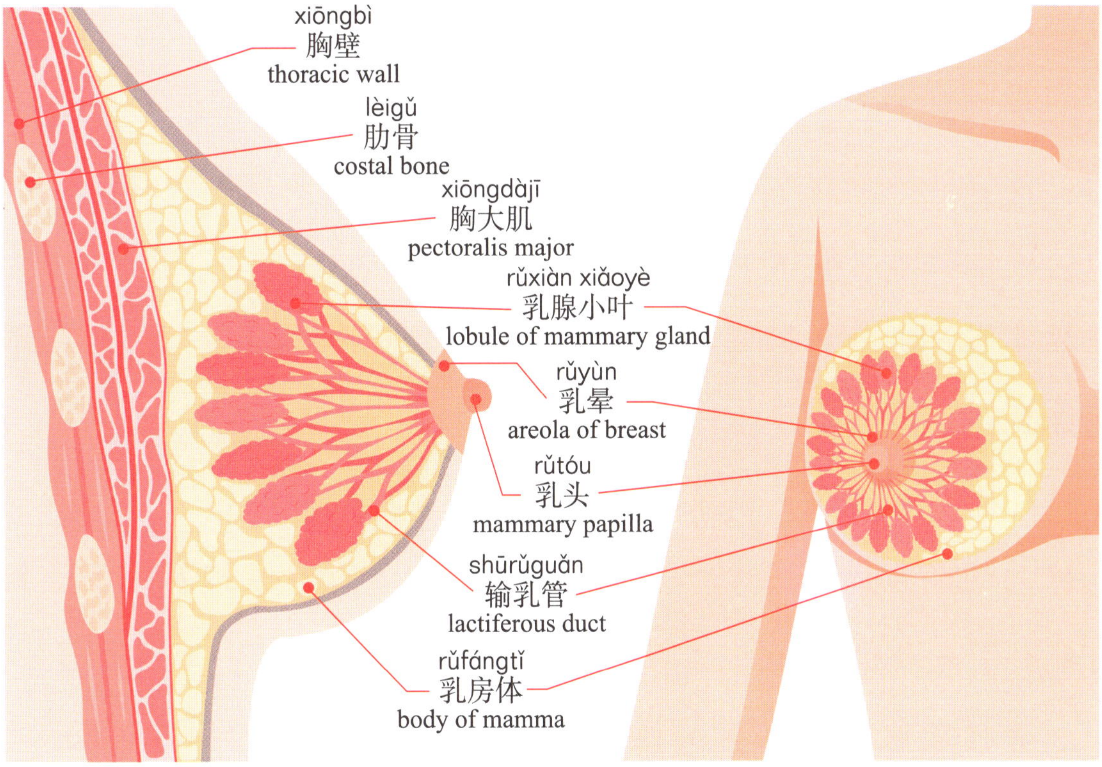

二、阅读

男性也会得乳腺癌吗?

说起乳腺癌，人们一般想到的患病对象可能都是女性。那么，男性也会患乳腺癌吗？答案是肯定的。虽然男性和女性的乳房结构在解剖上存在一定差

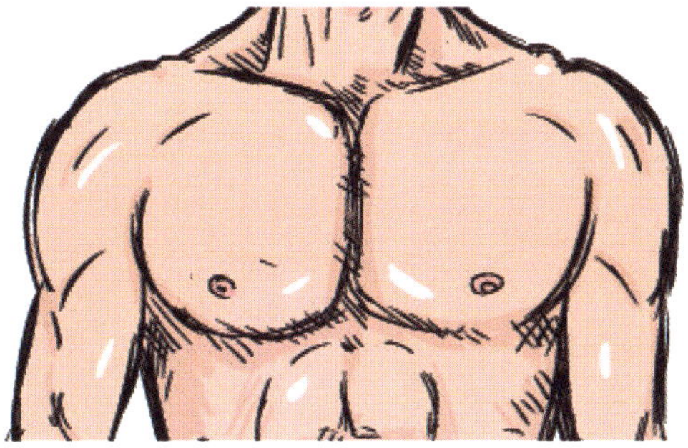

异，但男性乳房内也有腺体。因此，如果男性乳腺受到某些因素刺激，同样可能会发生病变，发展为乳腺癌。但总的来说，男性乳腺癌还是相对比较少见，大约只占乳腺癌的 1%。不过，与女性相比，由于男性乳腺胸壁淋巴管较短，一旦患上乳腺癌，更容易发生转移扩散，病情可能会比女性患者进展得更快。

男性乳腺癌的发病年龄一般较晚，多见于中老年人。有研究表明，男性乳腺癌的发病可能主要与雌激素水平上升或激素水平失衡有关。男性随着年龄增长，睾丸会逐渐出现萎缩，导致雄激素分泌下降，雌激素水平上升。肥胖、慢性肝病、药物性雌激素治疗、前列腺癌的性腺抑制治疗等也可能导致男性雌激素水平升高，引发乳腺癌。此外，男性乳腺癌还存在家族聚集倾向，研究发现 BRCA-2 基因突变是男性乳腺癌的最大危险因素。另外，辐射暴露、过量吸烟和饮酒等因素也可能会引发乳腺癌。

男性乳腺癌最常见的临床表现为乳房无痛性肿块，肿块可出现于乳晕下方或乳晕周围。其他临床表现还包括乳头内陷、乳头溢液、腋下淋巴结肿大等。与女性乳腺癌相比，男性乳腺癌患者往往容易忽视自己乳腺出现的异常，从而导致就诊晚，延误病情。大多数男性乳腺癌患者就诊时，病情多为中晚期，肿瘤较大，常伴有淋巴结转移，预后较差。因此，虽然男性患乳腺癌相对较为少见，但仍要引起重视。男性也应该关注自己的乳腺健康，一旦发现乳房出现异常，就应及时就医。

（一）重要医学词语

1. 解剖	jiěpōu	*v.*	to dissect
2. 淋巴管	línbāguǎn	*n.*	lymphatic vessel
3. 失衡	shīhéng	*v.*	to be out of balance
4. 性腺	xìngxiàn	*n.*	sexual gland
5. 聚集	jùjí	*v.*	to aggregate
6. 基因	jīyīn	*n.*	gene
7. 突变	tūbiàn	*v.*	to mutate
8. 溢液	yìyè	*v.*	to discharge

（二）阅读材料，选择正确答案

1. 为什么男性也会得乳腺癌？

A. 因为男性的乳房结构在解剖上跟女性的一样

B. 因为男性乳房中也有腺体

C. 因为男性的胸壁淋巴管比较短

D. 因为男性的雌激素水平也很高

2. 男性乳腺癌在下列哪个人群中的发病率比较高？

A. 青少年　　B. 青壮年　　C. 中青年　　D. 中老年

3. 男性乳腺癌最大的危险因素是：

A. 睾丸萎缩　　B. 肥胖

C. BRCA-2 基因突变　　D. 过量吸烟和饮酒

4. 男性乳腺癌具有什么特点？

A. 患者就诊时多为早期

B. 最常见的症状是乳房肿痛

C. 病情进展比较快

D. 在男性癌症中比较常见

自我评估

一、生词知多少

你认识下列词语吗？如果认识，请在词语前的“□”里画“√”；如果不认识，请再复习复习。

□ 乳房	□ 乳腺炎	□ 乳腺癌	□ 乳腺纤维腺瘤
□ 乳汁	□ 乳头	□ 哺乳	□ 凹凸不平
□ 凹陷	□ 内陷	□ 奶粉	□ 涨奶
□ 排空	□ 胎	□ 双胞胎	□ 月经来潮
□ 疤	□ 纱布	□ 中成药	□ 金黄散
□ 涂抹	□ 切开	□ 脱皮	□ 湿疹
□ 大拇指	□ 食指	□ 中指	□ 无名指
□ 指腹	□ 腋窝	□ 下缘	□ 叉腰
□ 挺胸	□ 站立	□ 下垂	□ 覆盖
□ 搭配	□ 等候	□ 用途	□ 途径
□ 侧面	□ 逐年	□ 圈	□ 外用
□ 对称	□ 挤压	□ 吸	□ 解
□ 乳腺 X 线钼靶检查			

掌握了 25 个以上：非常好，为你点赞！

掌握了 20 ～ 25 个：不错，继续努力！

掌握了 19 个及以下：好好复习，下次加油！

二、你知道怎么说吗？

你知道下列几种情况应该怎么说吗？如果知道，请在句子前的“□”里画“√”。

□ 询问婴儿的喂养史。

□ 对急性乳腺炎进行问诊。

□ 介绍乳腺自我检查的方法。

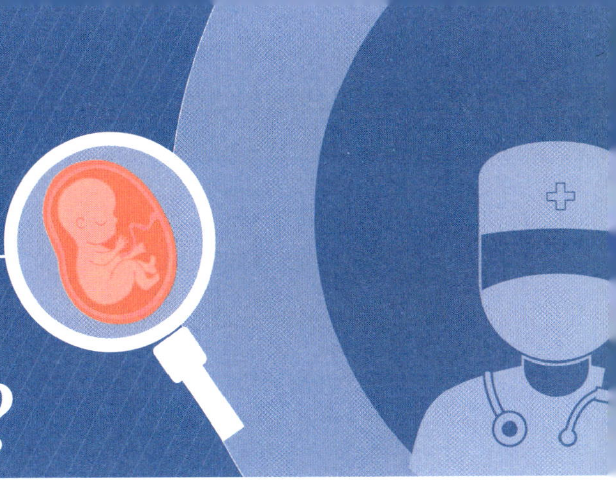

第十八课

现在离预产期还有一个多月，不会早产吧？

主题热身

一、给下列词语选择对应的图片

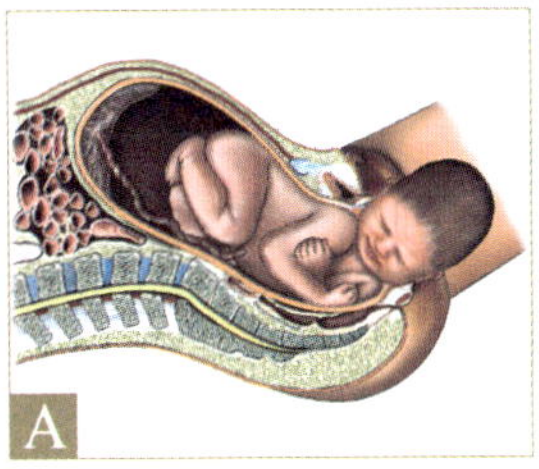
A

B

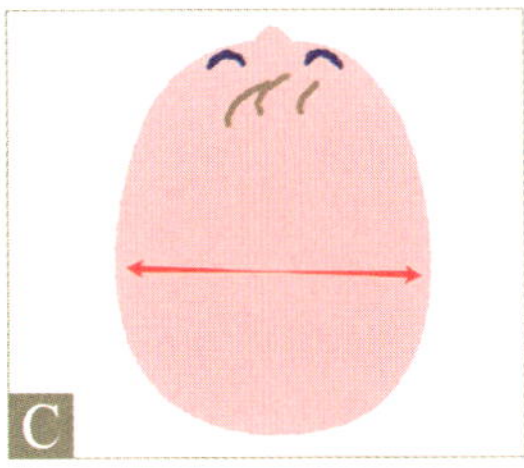
C

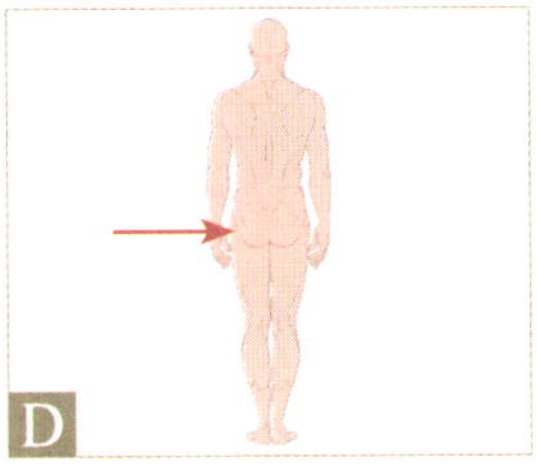
D

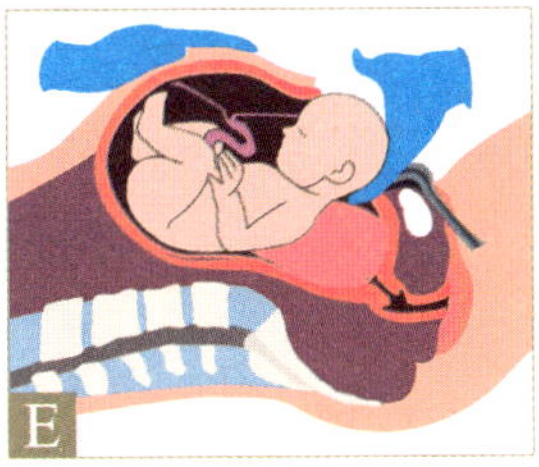
E

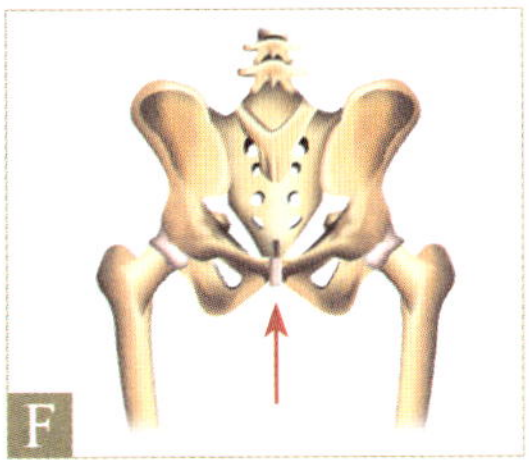
F

1. 臀部________　　2. 双顶径________　　3. 避孕套__________

4. 分娩________　　5. 剖宫产________　　6. 耻骨联合________

二、听对话，选择正确答案

1. 关于女的，下列哪项正确？

   A. 来月经了　　B. 得妇科病了　　C. 怀孕了

2. 女的做了什么检查？

   A. 尿常规　　B. B 超　　C. X 线

3. 女的什么时候要再去医院检查？

   A. 明天　　B. 下周　　C. 下个月

扫描二维码，获取听力音频

任务学习

任务一　产前检查

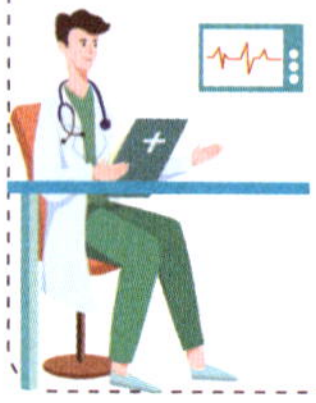

任务描述： 孕晚期孕妇因出现假性宫缩到医院进行咨询，产科医生对其进行检查和问诊，并进行产前指导。

准备

语言点　固定短语：好不容易

读一读

读句子，选择与句子意思一致的一项

之前好不容易怀上了，结果因为是葡萄胎做了清宫。

A. 之前很容易就怀上了，结果因为是葡萄胎做了清宫

B. 之前很不容易才怀上，又因为是葡萄胎做了清宫

C. 之前因为葡萄胎做了清宫，所以现在不容易怀上

学一学

“好不”是副词，一般用在双音节形容词的前面，表示程度深，有“非常”“很”“多么”的意思，多含感叹语气，也可以换成“好”，多表示肯定，如“好不热闹”和“好热闹”的意思都是很热闹。但是固定短语“好不容易”“好容易”却都表示否定，有“很不容易”的意思，而且“好不容易”用作谓语时，不可以换成“好容易”。

例句

（1）我们跟家属解释了半天，好不容易才让他们接受手术治疗。

（2）今天孩子哭闹个不停，我好容易才休息了一会儿。

（3）完成这台手术好不容易啊。（* 好容易）

练一练

用“好不容易”或者“好容易”完成句子

（1）我们已经备孕很长时间了，________________。

（2）我妊娠期反应很严重，吐得很厉害，________________。

（3）很多人都想找王主任看病，________________。

示例

- 科室：产科（门诊）
- 孕妇：江童（女，36岁）
- 主治医师：谢晓萌

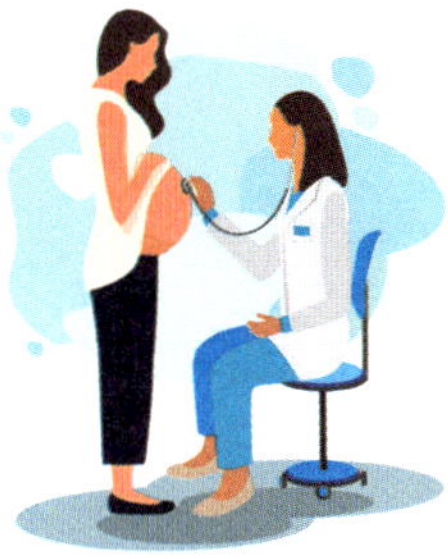

扫描二维码，获取课文和生词音频

谢晓萌：小江，你不是上周五刚做过产检吗？怎么又来了？是哪儿不舒服吗？

江　童：我这两天觉得肚子发硬，还有点儿疼，感觉像宫缩。现在离预产期还有一个多月，不会早产吧？

谢晓萌：阴道有没有出血或者流水？

江　童：没有。就是昨天下午感觉肚子疼，持续了1分钟左右。晚上又疼了一次，但是好像没那么厉害了。

生词

1. 宫缩　gōngsuō　*v.*　to have a uterine contraction
2. 预产期　yùchǎnqī　*n.*　due date

谢晓萌：来，躺下，我给你检查检查。（医生给患者听胎心）你听，胎心正常。你应该是假性宫缩，不用太担心。临产的宫缩是有规律的，随着产程的进展，宫缩的间隔时间会逐渐缩短，阵痛也会越来越厉害，还可能会有强烈的排便感。如果每 5 到 6 分钟就出现一次宫缩，就要到医院来了。

江　童：好的。那如果破水了，是不是就要马上来医院？

谢晓萌：对。破水后尽量保持平卧，抬高臀部，减少羊水流出。记住，羊水破了的话，不管有没有宫缩，都要马上来医院。另外，要坚持每天数胎动，如果发现胎动减少或过于频繁，也要及时来医院。

江　童：好的。胎动我每天都在数。谢大夫，正常情况下都会在预产期前生吧？

3 胎心 tāixīn *n.* fetal heart rate (FHR)

4 假性宫缩 jiǎxìng gōngsuō Braxton Hicks contractions

5 临产 línchǎn *v.* to be about to labor

6 产程 chǎnchéng *n.* the stages of labor

7 缩短 suōduǎn *v.* to shorten

8 强烈 qiángliè *adj.* strong

9 破水 pòshuǐ *v.* (of amniotic fluid at the time of delivery) to flow out

10 羊水 yángshuǐ *n.* amniotic fluid

11 胎动 tāidòng *v.* (of a fetus) to quicken, to move

谢晓萌：那可不一定，胎儿在预产期前后两周出生都是正常的。预产期是根据月经史和末次月经时间计算出来的胎儿出生日期，但是因为您之前月经不太规律，所以预产期也可能没那么准。

江　童：这样啊。之前好不容易怀上了，结果因为是葡萄胎做了清宫。这回怀孕总害怕再出什么问题。

谢晓萌：您别太紧张，放松心情也很重要。下周就足月了，而且下周不是又要做产检B超了吗？

江　童：您一说做B超，我就更紧张了，每次都怕检查出什么问题来。上次您说双顶径偏大，让我控制体重，我连米饭都不敢吃了。对了，您能帮我把下周的普通B超改成三维超声检查吗？

谢晓萌：您孕25周的时候不是已经做过三维超声检查了吗？

江　童：是做过了，但我还是不太放心。

⑫ 月经史　yuèjīngshǐ　*n.*
menstrual history

⑬ 葡萄胎　pútaotāi　*n.*
hydatidiform mole

⑭ 清宫　qīnggōng　*v.*
to undergo uterine curettage

⑮ 足月　zúyuè　*v.*
to be born after the normal period of gestation

⑯ 双顶径　shuāngdǐngjìng　*n.*　biparietal diameter (BPD)

⑰ 三维超声检查　sānwéi chāoshēng jiǎnchá
three-dimensional ultrasonography

您看现在要不要再做一次？

谢晓萌：不用了，做三维超声检查主要是为了排除胎儿畸形，做一次就可以了。

江　童：那好，我还是听您的吧。另外，我最近还总觉得大腿根部痛，是怎么回事啊？

谢晓萌：应该是耻骨联合痛。这个不用担心，生完就不痛了。现在，您最好不要长时间站立，要注意补钙。另外，我给您开的补铁的药都吃了吗？缺铁性贫血会影响胎儿的发育，也可能会引起早产。

江　童：吃了吃了，我每天都在吃。

谢晓萌：好的。现在孕晚期也要适当运动运动，吃完饭多散散步。最重要的还是要放松心情，别紧张啊！

江　童：好的，谢谢您！

⑱ 耻骨联合　chǐgǔ liánhé
pubic symphysis

⑲ 缺铁性贫血
quētiěxìng pínxuè　*n.*
iron-deficiency anemia

Note：
葡萄胎

扫描二维码，获取注释内容

活动

答一答

（1）孕妇小江为什么又来产检？

（2）如果孕妇在怀孕期间破水了，应该怎么办？

（3）孕妇小江为什么一直很担心？

说一说

小组讨论：你们认为孕晚期产检需要检查哪些项目？请在对应检查项目前的“□”里画“√”。如果你们认为还必须做其他检查，请写在下面。

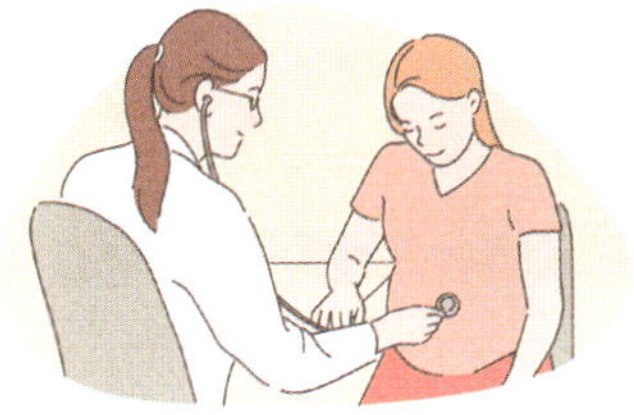

□ 测胎心

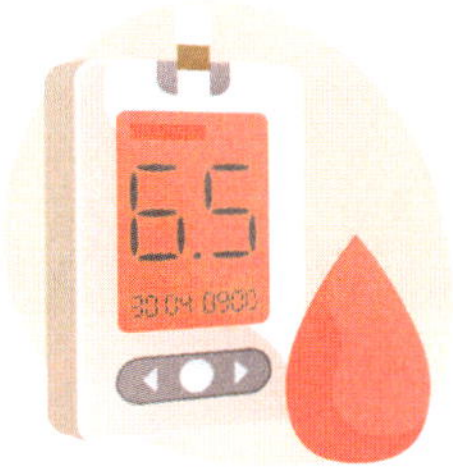

□ 糖耐量试验

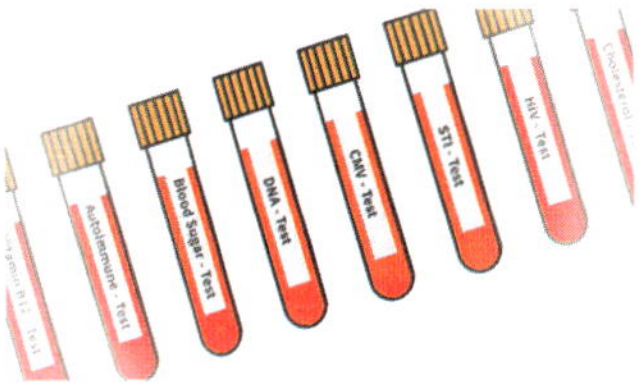

□ 血常规

□ 尿常规

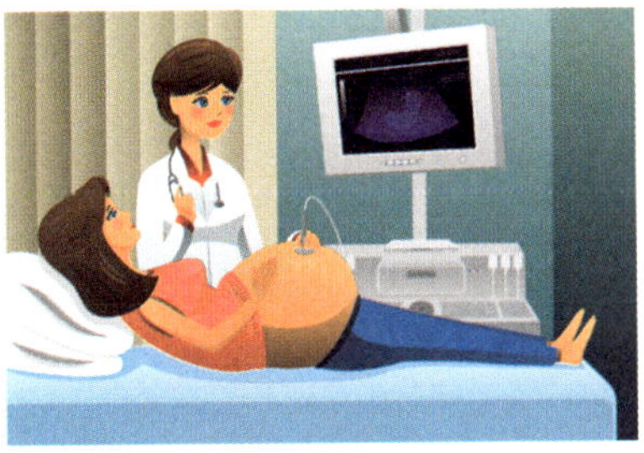

□ 三维超声检查

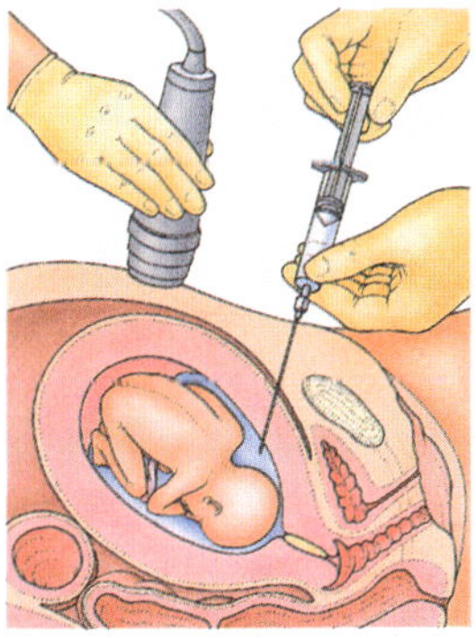

□ 羊膜穿刺

其他检查：________________________________

读一读

读报告单，选择正确答案

彩超检查报告单

姓名：江童　　性别：女　　年龄：36 岁

门诊号：502WA　　检查项目：I 级产前超声检查

申请医生：谢晓萌　　临床诊断：妊娠状态

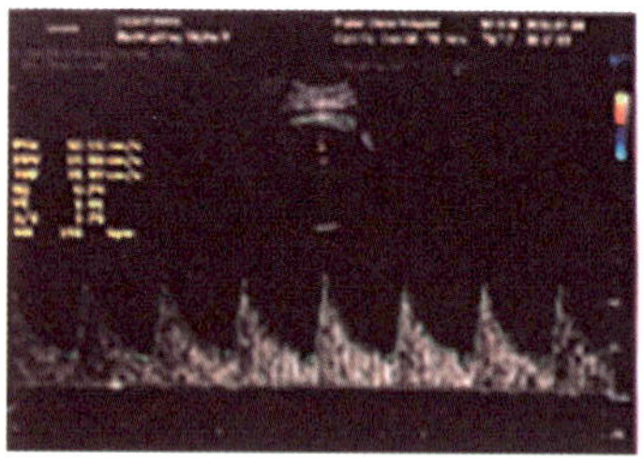
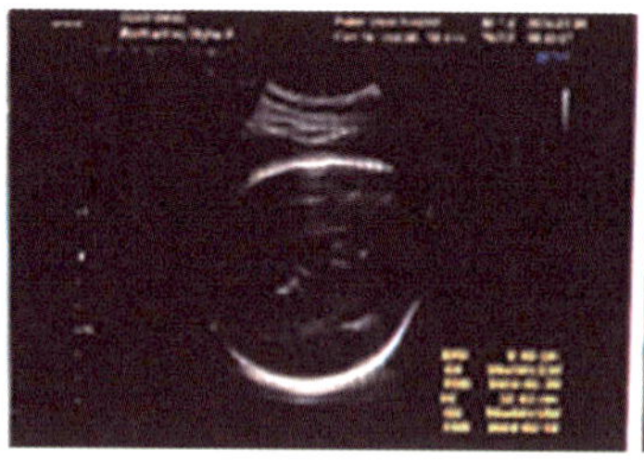
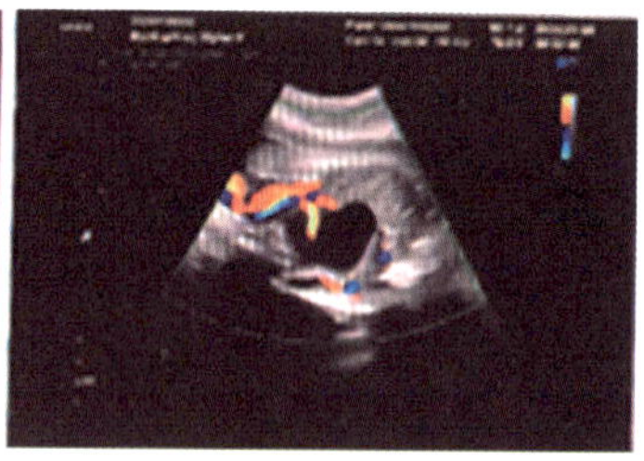

超声显像所见：

月经孕周：37w0d。

子宫增大，宫内见一个胎儿回声，超声所见部分宫壁回声尚均匀。双侧卵巢未见明显异常回声。

胎儿参数：双顶径（BPD）：9.5 cm。头围（HC）：32.6 cm。腹围（AC）：33.0 cm。股骨长度（FL）：7.2 cm。肱骨长度（HL）：6.1 cm。胎位：头位。脊柱方向：左后。胎心：心率 151 次 / 分，律齐。胎动：可见。颈项部未见脐带环绕回声。胎盘：附着于右后壁，厚约 4.2 cm，成熟度Ⅱ～Ⅲ级，胎盘脐带入口显示不清。羊水指数：5.2 cm。

CDFI：大脑中动脉 PI = 1.41，RI = 0.74，S/D = 3.78，PSV = 60.2 cm/S。
脐动脉 PI = 0.85，RI = 0.59，S/D = 2.47，PSV = 31.8 cm/S。

超声检查结果：

1. 晚期妊娠（AUA36w5d）；
2. 羊水偏少。

建议产科随诊。

报告医生：李志华　　审核医生：张国明　　复核医生：刘一凡

报告时间：××年 ××月 ××日

（1）孕妇正处于什么阶段？

A. 孕早期　　B. 孕中期　　C. 孕晚期　　D. 过期妊娠

（2）孕妇的彩超检查发现什么？

A. 双胎妊娠　　B. 脐带绕颈　　C. 胎儿畸形　　D. 羊水偏少

任务二　自然分娩的好处和产后注意事项

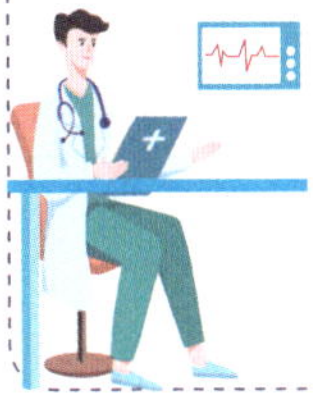

任务描述： 医院产科孕妇学校围产期保健系列讲座的主讲人为准妈妈们介绍自然分娩的好处和产后注意事项。

准备

语言点1　介词：于（表示对象）

读一读

读句子，选择与句子意思一致的一项

有规律的宫缩和产道的挤压有利于新生儿建立正常呼吸。

A. 有规律的宫缩和产道的挤压可以建立新生儿的正常呼吸

B. 有规律的宫缩、产道的挤压与新生儿正常呼吸的建立有关系

C. 有规律的宫缩和产道的挤压对新生儿建立正常呼吸有好处

学一学

介词“于”在书面语中，用于动词后，可以表示对象，有“对”“向”的意思，常用在“有利于”“有助于”“有求于”“有损于”“有害于”等结构中。

例句

（1）母乳喂养有利于增强新生儿的免疫力。

（2）自然分娩有助于胎儿呼吸道内羊水的排出。

（3）很多老人还是习惯于现金支付。

练一练

用“有……于”改写句子

（1）顺产对新生儿健康有好处。

____

（2）妊娠期应该尽量避免对胎儿发育有害的行为。

____

（3）在产程无法进展的情况下，人工破膜可以帮助加快产程。

____

语言点 2　条件复句：无论……，都 / 也……

读一读

读句子，选择可以替换句中加点词语的一项

无论对产妇来说，还是对新生儿来说，顺产都是有好处的。

A. 连　　B. 不管　　C. 哪怕

学一学

“无论……，都 / 也……”常用于条件复句。前一小句中，“无论”一般放在句首，用疑问代词或表示选择关系的结构来强调任何条件；后一小句用“都 / 也”来连接，表结果或结论。整个复句用来表示在任何条件下，结果或结论都不会改变。前后两个小句的主语相同时，主语可以放在前一小句，也可以放在后一小句。

例句

（1）他无论给谁看病，都非常耐心、细致。

（2）无论手术成功还是失败，我们都愿意试一试。

（3）无论遇到多大的困难，也不要放弃。

练一练

用“无论……，都 / 也……”改写句子

（1）顺产和剖宫产后，都应该尽早开始母乳喂养。

____

（2）医生说什么都没有用，她就是不同意终止妊娠。

____

（3）宫缩阵痛已经痛得非常厉害了，她还是不愿意接受分娩镇痛。

____

示例

- 地点：产科孕妇学校
- 主讲人：颜育珍（主任医师）
- 讲座主题：自然分娩好处多

扫描二维码，获取课文和生词音频

大家好！欢迎参加今天的围产期保健讲座——“分娩的那些事”。

说起“分娩”，有些准妈妈可能会因为怕疼而感到焦虑，甚至想要选择剖宫产。但实际上，剖宫产术后伤口疼痛持续时间长，感染风险高，并不比顺产的痛苦少多少。而顺产对产妇产生的创伤小，产妇恢复快，一般在生产当天就可以下床活动了。如果真的怕疼，还可以选择无痛分娩来缓解产前阵痛。

生词

1. 围产期　wéichǎnqī　*n.*　perinatal period
2. 保健　bǎojiàn　*v.*　to maintain health
3. 分娩　fēnmiǎn　*v.*　to deliver (a baby)
4. 准妈妈　zhǔnmāma　*n.*　mother-to-be
5. 剖宫产　pōugōngchǎn　*v.*　to have a cesarean section
6. 顺产　shùnchǎn　*v.*　to have a spontaneous delivery
7. 产妇　chǎnfù　*n.*　puerpera
8. 生产　shēngchǎn　*v.*　to give birth (to a baby)

另外，顺产还对新生儿的身体健康有好处。分娩过程中，有规律的宫缩和产道的挤压有助于胎儿排出呼吸道内的羊水，有利于新生儿建立正常呼吸，从而降低新生儿窒息和肺炎的发生率。而剖宫产儿未经产道接触母体健康菌群，而且因术中抗生素使用可能导致母乳喂养延迟，这些都不利于新生儿免疫系统的发育和成熟。大家都知道，初乳中营养成分和免疫物质的含量很高，是新生儿最好的食物。

因此，无论对产妇来说，还是对新生儿来说，顺产都是有好处的。当然，如果在自然分娩过程中，出现产力、产道、胎位异常等导致难产的剖宫产指征，就要及时终止阴道分娩，进行剖宫产手术。这也就是大家常说的“顺转剖”。

此外，我还想提醒各位准妈妈们在产后注意两件事：

第一，无论是顺产还是剖宫产，都应该尽早进行母乳喂养。乳头刺激能使产妇体内催乳素分泌量增加，促进乳汁

⑨ 产道 chǎndào *n.* birth canal

⑩ 窒息 zhìxī *v.* to suffer from asphyxia

⑪ 延迟 yánchí *v.* to delay

⑫ 初乳 chūrǔ *n.* colostrum

⑬ 成分 chéngfèn *n.* ingredient

⑭ 含量 hánliàng *n.* content

⑮ 产力 chǎnlì *n.* uterine action, expulsive force

⑯ 胎位 tāiwèi *n.* fetal position

⑰ 难产 nánchǎn *v.* to suffer from dystocia

⑱ 终止 zhōngzhǐ *v.* to terminate

⑲ 催乳素 cuīrǔsù *n.* prolactin (PRL)

分泌。同时，也能刺激缩宫素分泌，促进子宫收缩，帮助子宫恢复，有助于预防产后出血。

第二，注意产后避孕。产后42天内建议不要有性生活。另外，哺乳期即使没有月经，也有怀孕的可能。每次性生活都要做好避孕措施。一般建议使用避孕套避孕，顺产后3个月或者剖宫产后6个月可以考虑放置宫内节育器。请大家特别注意，哺乳期是不能服用避孕药的。

最后祝大家都能平安顺利分娩。

20 缩宫素　suōgōngsù　*n.*　oxytocin

21 产后出血　chǎnhòu chūxuè　postpartum hemorrhage (PPH)

22 避孕套　bìyùntào　*n.*　condom

23 放置　fàngzhì　*v.*　to place

24 宫内节育器　gōngnèi jiéyùqì　*n.*　intrauterine device (IUD)

活动

答一答

（1）有规律的宫缩和产道的挤压对新生儿有什么好处？

（2）在什么情况下需要“顺转剖”？

（3）产妇产后要注意些什么？

说一说

（1）**小组讨论：** 与剖宫产相比，自然分娩有哪些好处？

对产妇来说	
对新生儿来说	

（2）**想一想：** 下列两组句子中，A、B 两段话的意思一样吗？想一想 A、B 两种表述方式的说话对象可能是谁。两种表述方式有什么不一样？

① A：与自然分娩相比，剖宫产不用忍受产前的宫缩阵痛，但术后切口疼痛和不适持续时间长，而且出现术后感染和并发症的风险也更大。

B：其实，顺产和剖宫产都会疼。剖宫产在生之前不疼，但手术后伤口会很疼，还很容易出现术后感染和并发症。

② A：生完后就可以给孩子喂奶了。孩子吸得越多，奶水就越多。孩子吸奶刺激乳头，也能帮助子宫更快恢复。

B：分娩后应尽快进行母乳喂养，母乳喂养可以促进乳汁分泌以及产后子宫的恢复。

（3）**成段表达：** 请根据“任务二”的示例内容，介绍自然分娩的好处 。

> 实际上，……后……时间长，……高，并不比……少……。而……对……小，……快，一般……就可以……。如果……，还可以……来……。
>
> 另外，……还对……有好处。……过程中，……和……

有助于……，有利于……，从而降低……。而……未经……接触……，而且因……可能导致……，这些都不利于……。

演一演

小组活动： 两人一组，根据场景提示，使用下列词语模拟医生和产妇的对话。

场景提示： 孕晚期产妇因出现不规律腹痛、胎动增加到医院就诊。

胎心、胎动、胎位、宫缩、羊水、剖宫产、分娩、产程、缩短、顺产、临产、终止、舒适、预产期、破水、强烈

任务操练

实践

母乳喂养对母亲和婴儿都有很多好处，是最佳的喂养方式。请查阅资料，制作一张母乳喂养宣传海报，让更多的人了解母乳喂养的好处。

练习

（一）词语搭配

1. 突发
2. 终止
3. 缩短
4. 放置
5. 监测

A. 胎心
B. 难产
C. 妊娠
D. 节育器
E. 产程

（二）选择正确的词语填空

1. 临产宫缩的表现是有规律的腹痛。随着宫缩间隔时间的逐渐（1）________，阵痛也会越来越厉害，还可能有（2）________的排便感。如果每 5 到 6 分钟就出现一次宫缩，并且每次持续 30 秒以上，就要尽快去医院，因为往往这个时候孕妇的（3）________已经开始了。

（1）A. 缩小　　B. 退缩　　C. 收缩　　D. 缩短
（2）A. 强度　　B. 强烈　　C. 激烈　　D. 剧烈
（3）A. 产道　　B. 顺产　　C. 产程　　D. 引产

2. 自然分娩对产妇和新生儿都有好处。对产妇来说，自然分娩创伤小，恢复快，（1）________当天就可以下床活动；对新生儿来说，自然分娩过程中有规律的宫缩和（2）________的挤压能够有效帮助胎儿排出呼吸道内的羊水，从而降低新生儿（3）________和肺炎的发生率。

（1）A. 生产　　B. 流产　　C. 难产　　D. 早产
（2）A. 尿道　　B. 产道　　C. 消化道　　D. 胃肠道
（3）A. 喘息　　B. 窒息　　C. 作息　　D. 息肉

3.（1）________是顺产还是剖宫产的产妇，都应该尽早开始母乳喂养。一方面，早哺乳有利（2）________新生儿的生长发育。因为初乳中营养成分和免疫物质的含量很高，（3）________能为新生儿提供生长发育所需的营养，还能提高新生儿的免疫力。另一方面，早哺乳有助于产妇子宫恢复。因为乳头刺激能增加产妇体内缩宫素的分泌量，促进子宫收缩。

（1）A. 或者　　B. 无论　　C. 一旦　　D. 就算

（2）A. 将　　B. 为　　C. 对　　D. 于

（3）A. 不仅　　B. 尽管　　C. 既然　　D. 即使

（三）用指定词语或结构完成对话

1. 患者 1：听说三维彩超很难预约？你约上了吗？

患者 2：____。（好不容易）

2. 医生：您好！您的检查结果出来了，可以确诊是葡萄胎。我们建议您还是及时做清宫治疗。

患者：____。（好不容易）

3. 产妇：主任，我现在的情况是顺产好，还是剖宫产好？

医生：____。（有利于）

4. 患者：还要做早孕检查啊？我就是月经不规律，肯定不是怀孕啦。

医生：____。

（无论……，都 / 也……）

（四）阅读语段，选择与语段意思一致的一项

1. 产后一旦恢复性生活，就要开始避孕。由于产后子宫还没完全恢复，我们建议产后 42 天内避免性生活。另外要注意的是，哺乳期即使没有月经，也有怀孕的可能，因此只要有性生活就要注意避孕，可以使用避孕套，也可以考虑顺产后 3 个月或者剖宫产后 6 个月放置宫内节育器进行避孕。

A. 产后 42 天内不建议进行性生活

B. 哺乳期没来月经就不会怀孕

C. 剖宫产后 3 个月可以放置宫内节育器进行避孕

2. 自然分娩对胎儿和产妇都有利，因此，如果没有出现产力、产道、胎位异常或其他明确的剖宫产指征，医生都会鼓励产妇选择自然分娩。但在自然分娩的过程中，当出现一些突发状况导致难产时，就需要及时终止阴道分娩，采取剖宫产手术以保证产妇和胎儿的生命健康。这种情况就叫作“顺转剖”。

A. 很多医生建议产妇进行剖宫产

B. 如果出现产力异常，可能需要进行剖宫产

C. “顺转剖”指的是产妇准备剖宫产，最后顺产了

（五）写作练习

请根据“任务一”的示例内容，写一份病历摘要。

姓名：江童　　性别：女　　年龄：36 岁　　就诊科室：产科

主　　诉：

现 病 史：

既 往 史：

体格检查：

辅助检查：

初步诊断：

治疗意见：

医生签名：

年　　月　　日

拓展学习

一、词汇

宫内妊娠相关词语

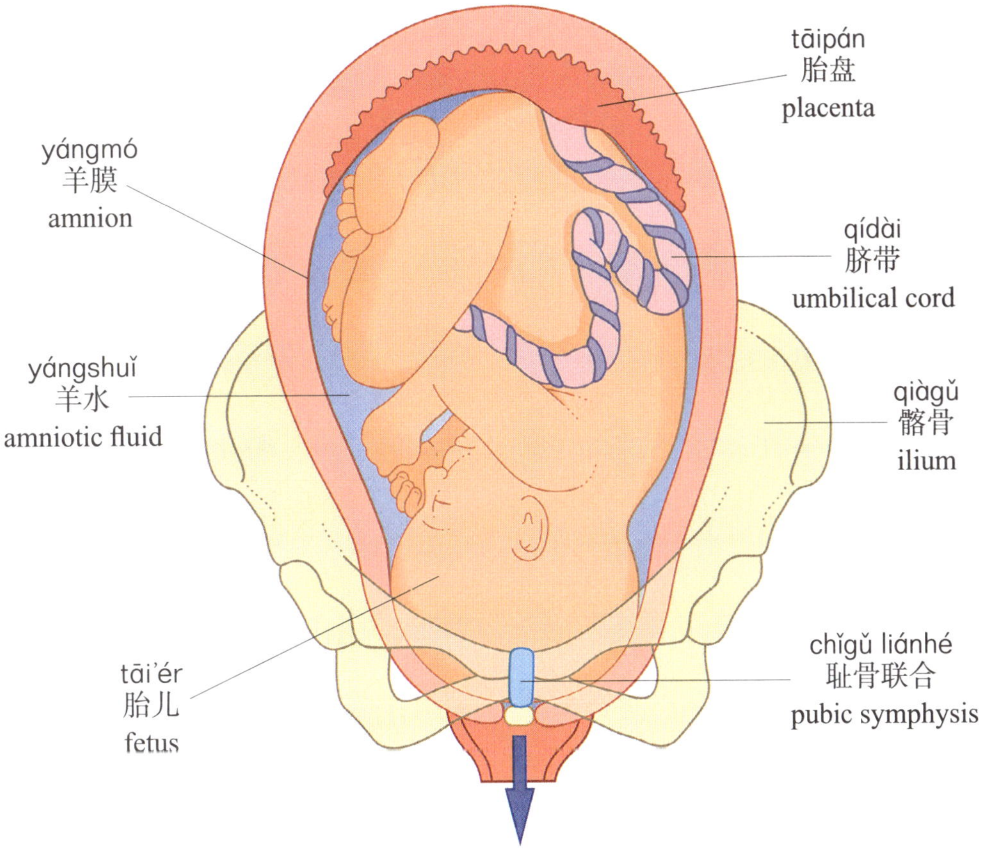

二、阅读

产褥期保健为母婴健康保驾护航

产褥期是指从胎盘娩出至产妇除乳腺外全身各器官恢复到未孕状态或接近未孕状态所需的一段时间，一般为 6 周（42 天）。这一阶段，产妇和新生儿都处于较为脆弱的时期，因此产褥期保健显得尤为重要。它不仅有助于促进产妇的生理功能恢复，还能有效预防产后出血、感染等并发症的出现，保障产后母婴健康。

产褥期保健包括住院期间保健、产后访视和产后 42 天健康检查。

一般来说，正常分娩的产妇至少要住院观察 24 小时。住院期间，助产医疗机构会为产妇和新生儿提供全面的医疗保健服务。医护人员会密切观察产妇和新生儿的生命体征，预防并处理可能出现的产后并发症和合并症。同时，会对新生儿进行全面体检和生长发育评估，以便及时发现和处理出生缺陷。此外，医院还会为产妇提供母乳喂养知识和技能指导，关注产妇心理健康，并进行生殖器官恢复和产后避孕指导。出院前，医院还会为新生儿接种免费疫苗（乙肝疫苗和卡介苗），并进行遗传代谢疾病和听力筛查。

出院后，社区医疗服务中心的工作人员会在产妇出院后 3 天、产后 14 天和产后 28 天分别进行 3 次产后访视。社区医疗保健人员会到产妇家中，为产妇和新生儿进行体检，并针对产妇在新生儿喂养和日常护理等方面遇到的问题进行专业指导。同时，访视人员还会提醒产妇在产后 42 天到医院进行母婴健康检查，并按照国家免疫规划为婴儿接种疫苗。在中国，这些产后访视服务都是由社区医疗服务机构免费提供的。

产后 42 天，产妇和婴儿都要到分娩医院或其他卫生服务机构进行产后 42 天健康检查。产妇产后 42 天健康检查包括了解和检查产妇一般状况、哺乳情况、身体恢复情况以及心理状况等内容；婴儿产后 42 天健康检查则包括评估婴儿的生长发育情况和神经行为发育状况，并指导家长按照儿童保健系统的要求定期带婴儿进行体检和保健。

（一）重要医学词语

1. 产褥期	chǎnrùqī	*n.*	postpartum period
2. 娩出	miǎnchū	*v.*	to deliver, to give birth to
3. 产后访视	chǎnhòu fǎngshì		postpartum visit
4. 助产	zhùchǎn	*v.*	to help with the delivery of a baby
5. 机构	jīgòu	*n.*	organization
6. 缺陷	quēxiàn	*n.*	defect
7. 卡介苗	kǎjièmiáo	*n.*	Bacillus Calmette-Guérin (BCG) vaccine
8. 社区	shèqū	*n.*	community

（二）阅读材料，选择正确答案

1. 目前，产褥期保健不包括下列哪项？

A. 住院期间保健　　B. 产后访视

C. 产后 42 天健康检查　　D. 三维超声检查

2. 产妇产后 42 天健康检查包括下列哪项内容？

A. 哺乳情况　　B. 神经行为发育状况

C. 疫苗接种　　D. 听力筛查

3. 出院前，医院会免费为新生儿接种下列哪项疫苗？

A. 百日咳　　B. 乙型脑炎　　C. 卡介苗　　D. 白喉

4. 关于产褥期保健，下列哪项正确？

A. 只为产妇健康提供保健服务

B. 可以有效预防产后出血和产后并发症

C. 申请产妇心理健康指导需要付费

D. 社区医疗服务中心会进行 2 次产后访视

自我评估

一、生词知多少

你认识下列词语吗？如果认识，请在词语前的“□”里画“√”；如果不认识，请再复习复习。

□ 预产期	□ 临产	□ 产妇	□ 顺产
□ 剖宫产	□ 生产	□ 产道	□ 产力
□ 产程	□ 难产	□ 围产期	□ 产后出血
□ 胎动	□ 胎位	□ 胎心	□ 葡萄胎
□ 宫缩	□ 假性宫缩	□ 缩宫素	□ 清宫
□ 宫内节育器	□ 避孕套	□ 催乳素	□ 初乳
□ 分娩	□ 足月	□ 破水	□ 羊水
□ 月经史	□ 双顶径	□ 三维超声检查	□ 耻骨联合
□ 保健	□ 窒息	□ 缺铁性贫血	□ 缩短
□ 延迟	□ 终止	□ 放置	□ 强烈
□ 成分	□ 含量	□ 准妈妈	

掌握了 25 个以上：非常好，为你点赞！

掌握了 20 ～ 25 个：不错，继续努力！

掌握了 19 个及以下：好好复习，下次加油！

二、你知道怎么说吗？

你知道下列几种情况应该怎么说吗？如果知道，请在句子前的“□”里画“√”。

□ 介绍假性宫缩和临产宫缩的区别。

□ 说明自然分娩的好处。

□ 对产妇进行母乳喂养和产后避孕的宣传教育。

第十九课
宝宝嘴唇上一直都这样白白的吗？

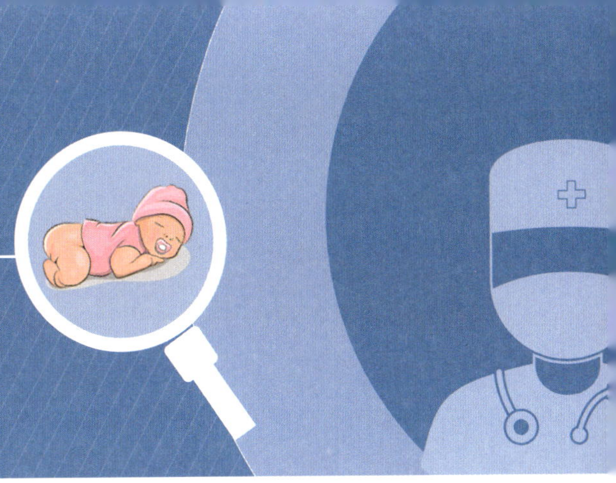

主题热身

一、给下列词语选择对应的图片

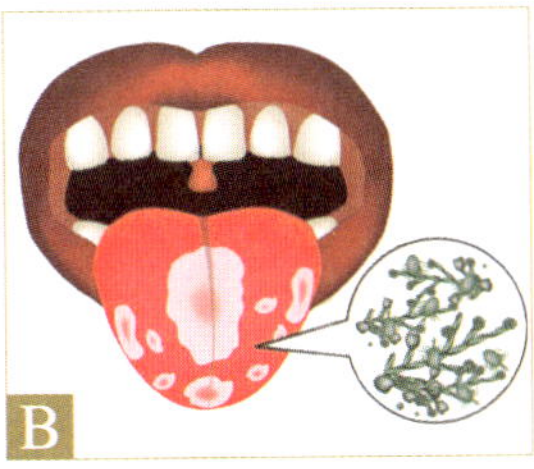

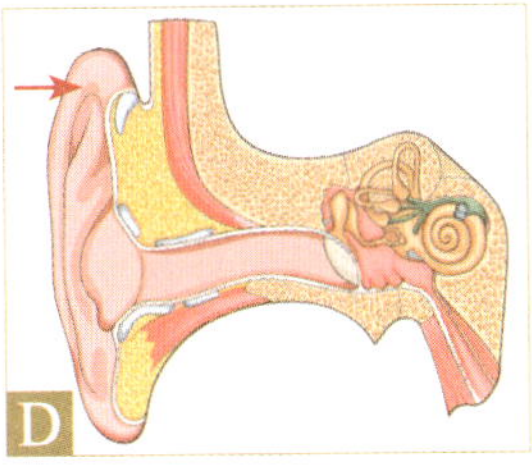

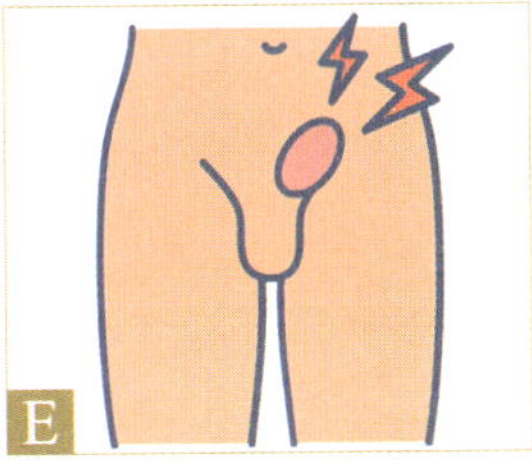

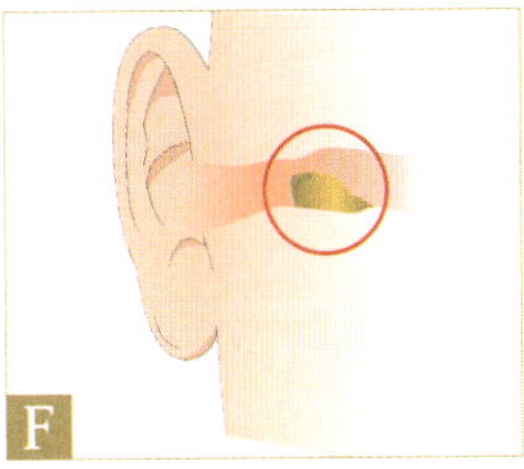

1. 腹股沟斜疝________　　2. 奶瓶__________　　3. 头围__________

4. 鹅口疮__________　　5. 耳郭__________　　6. 耵聍__________

二、听对话，选择正确答案

1. 护士抱孩子去做什么了？

   A. 听力筛查　　B. 体格检查　　C. 接种疫苗

2. 孩子什么时候还要再做一次听力筛查？

   A. 出院时　　B. 42 天体检　　C. 3 个月后

3. 爸爸有什么事要问护士？

   A. 办出生证明　　B. 办出院　　C. 预约听力筛查

扫描二维码，获取听力音频

任务学习

任务一　新生儿 42 天体检

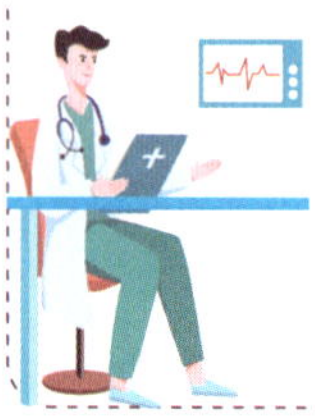

任务描述： 新生儿出生 42 天后到医院接受儿童保健体检。儿保科医生对新生儿进行体检，并了解新生儿日常护理情况。

准备

语言点　被动句：主语 + 被 + 动词 + 其他成分

读一读

给词语“被”选择合适的位置

A 肠管 B 卡住 C 了 D，无法复位。

学一学

被动句“主语 + 被 + 动词 + 其他成分”中，“主语”是动作的受事，表示“主语”受到某一动作的作用、影响而有所改变。动词后面常常有表示动作完成的动态助词或者表示动作影响、结果的其他成分。该类被动句重在强调结果，施事因为没必要或者不知道而不出现。这类句子只能用“被”，不能用“叫”和“让”。

例句

（1）她的 B 超报告单被拿走了。

（2）32 床病人已经被推进手术室了。

（3）听到医生这么说，她被吓得不行。

练一练

组词成句

（1）堵　血管　住　了　被

____

（2）进　了　抢救室　推　被　他

____

（3）批评　好几次　了　被　我　已经

____

示例

- 科室：儿童保健科（门诊）
- 主治医师：王小乐
- 家属：周丽平（新生儿母亲）

扫描二维码，获取课文和生词音频

王小乐：您好！请到这边来，我们先给宝宝测量一下儿身长、体重、头围和胸围。

周丽平：好的。您看看，感觉体重增加得不多。这两天不知道怎么回事，一吃奶就哭。

王小乐：我看看。体重增加了 1 公斤。足月儿 42 天体重增加 1 ～ 2 公斤

生词

1. 测量　cèliáng　*v.*　to measure
2. 身长　shēncháng　*n.*　height (of an infant)
3. 头围　tóuwéi　*n.*　head circumference
4. 胸围　xiōngwéi　*n.*　chest circumference
5. 足月儿　zúyuè'ér　*n.*　term infant

都是正常的。身长、头围和胸围也都在正常范围内。宝宝嘴唇上一直都是这样白白的吗？

周丽平：好像就这两天才有的。

王小乐：（用棉签擦婴儿嘴唇）您等会儿把这个送到检验科去化验。您家宝宝这可能是鹅口疮，吃奶的时候会疼，所以总是哭。平时，宝宝用的奶瓶什么的要做好消毒、灭菌。

周丽平：啊？我还以为是吃完奶没擦干净呢。那这要怎么办啊？

王小乐：如果是鹅口疮，我给您开点儿制霉菌素片。您把它磨成粉末，然后跟维生素 AD 混合在一起，涂抹在宝宝嘴唇上就可以了。

周丽平：好的，我现在就让孩子他爸把这个送去检验科。另外，麻烦您看看我家宝宝是不是还有黄疸。刚出生的时候，因为黄疸做了蓝光照射。我觉得现在还是有点儿黄。

6 嘴唇 zuǐchún *n.* lip

7 棉签 miánqiān *n.* cotton swab

8 鹅口疮 ékǒuchuāng *n.* thrush, oral candidiasis

9 奶瓶 nǎipíng *n.* baby bottle

10 灭菌 mièjūn *v.* to sterilize

11 制霉菌素片 zhìméijūnsùpiàn *n.* Nystatin tablet

12 磨 mò *v.* to mill

13 粉末 fěnmò *n.* powder

14 蓝光照射 lánguāng zhàoshè bili light (for phototherapy)

王小乐：好的。（医生给孩子测黄疸）现在是正常的，没有黄疸了。来，麻烦您让宝宝趴着，我给他检查一下儿肌张力。

周丽平：好的。

王小乐：没什么问题，平时可以让宝宝多趴一趴，练习一下儿抬头。宝宝背部有点儿湿疹，洗完澡要多涂些润肤乳，保持皮肤湿润，这样宝宝会舒适一些。

周丽平：好的。哦，差点儿忘了，医生您摸摸这儿（指孩子右侧大腿根部）。这儿好像有个小疙瘩，哭的时候特别明显。

王小乐：我看看。应该是腹股沟斜疝，也就是我们一般说的"疝气"。大多数新生儿疝气是生理性的，通常会在婴儿的生长过程中逐渐消失。个别情况下，可能需要进行紧急手术，比如：肠管被卡住了，无法复位。现在孩子还小，

15 趴　pā　*v.*　to lie prone

16 背部　bèibù　*n.*　back

17 润肤乳　rùnfūrǔ　*n.*　moisturizing lotion

18 湿润　shīrùn　*adj.*　moist

19 舒适　shūshì　*adj.*　comfortable

20 疙瘩　gēda　*n.*　lump

21 腹股沟斜疝　fùgǔgōu xiéshàn　*n.*　indirect inguinal hernia

22 疝气　shànqì　*n.*　hernia

23 个别　gèbié　*adj.*　very few

24 卡　qiǎ　*v.*　to stuck

我们建议还是先观察，平时尽量避免让宝宝过度哭闹，注意观察疝气的情况就可以了。

周丽平：好的。现在，我们还需要去检查什么吗？

王小乐：您还要带宝宝去一楼采血室采个血，给宝宝做个血常规。然后，再到三楼听力检查室做个听力筛查。对了，刚才的检查报告出来的话，要记得拿过来找我开药。

周丽平：好的，谢谢您！

25 采血室 cǎixiěshì *n.* blood sample collection room

Note:

1. 鹅口疮
2. 腹股沟斜疝

扫描二维码，获取注释内容

活动

答一答

（1）宝宝嘴唇上白白的可能是得了什么病？如果是得了这种病，应该怎么治疗？

（2）宝宝右侧大腿根部的小疙瘩可能是什么？医生有什么建议？

（3）家属需要带孩子去三楼做什么？

说一说

小组讨论：你们认为新生儿出生 42 天后的儿童保健体检需要做哪些检查？请在对应检查项目前的“□”里画“√”。如果你们认为还要做其他检查，请写在下面。

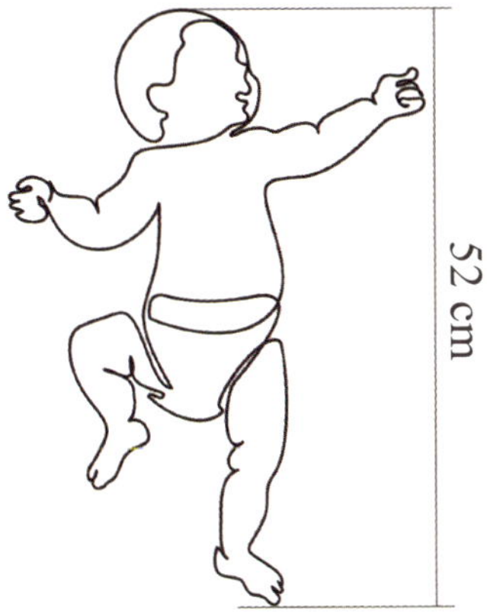

□ 身长

□ 体重

□ 头围

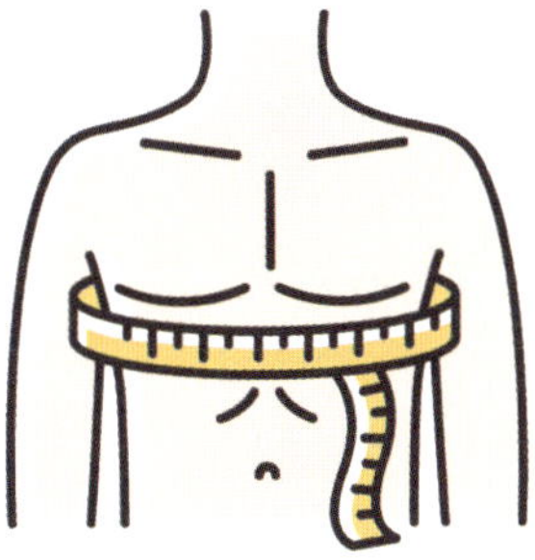

□ 胸围

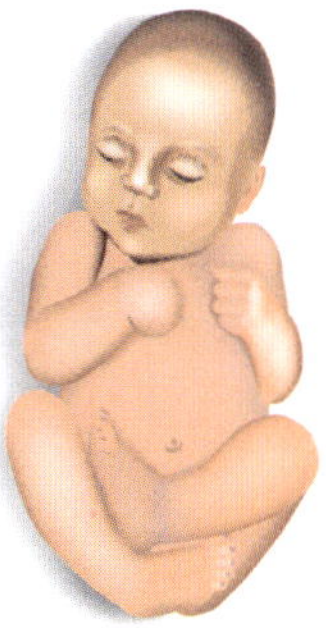

□ 黄疸

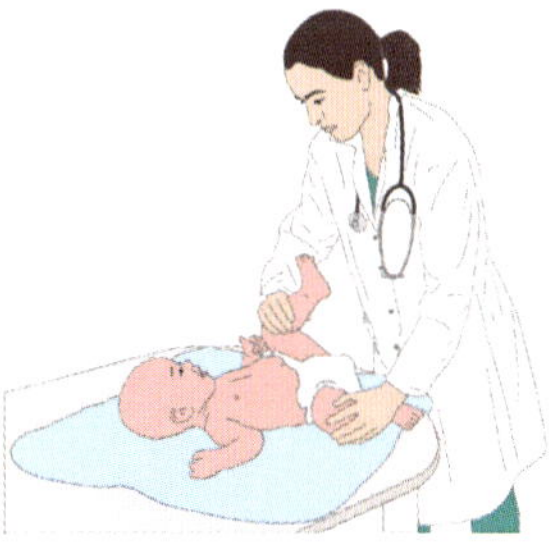

□ 肌张力

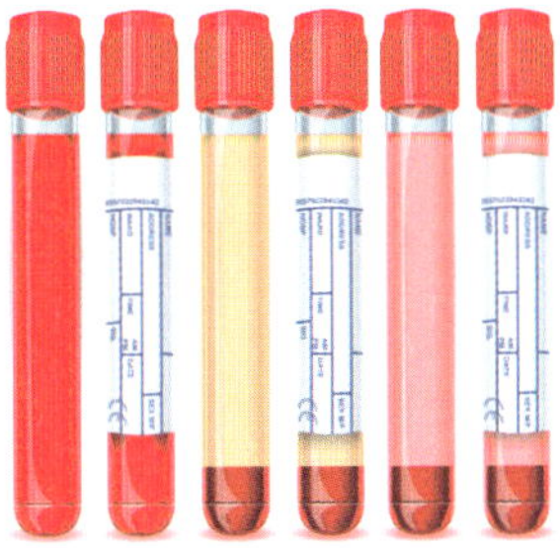

□ 血常规

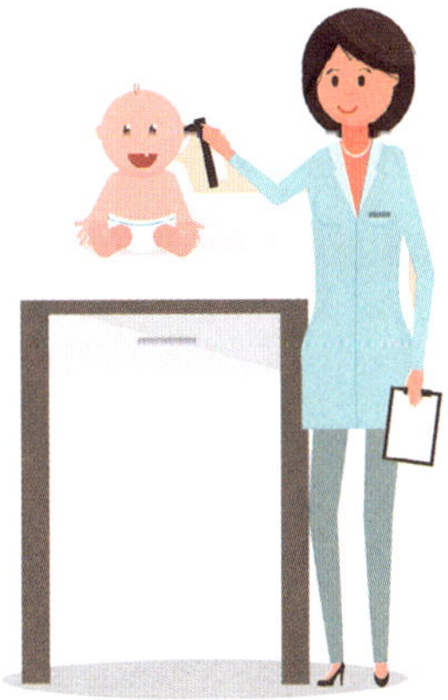

□ 听力筛查

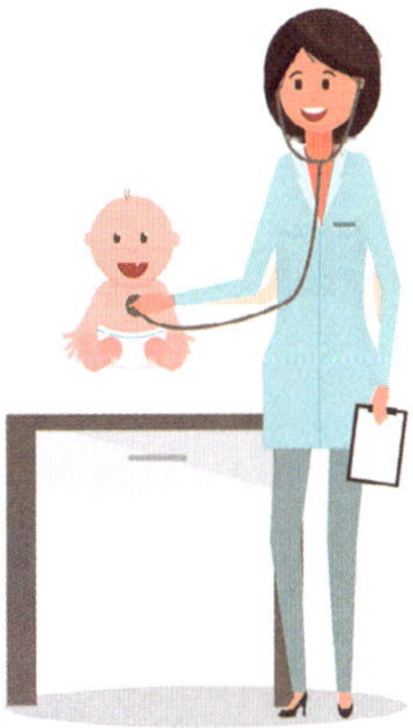

□ 心肺听诊

其他检查：____

读一读

读报告单，选择正确答案

听力筛查报告单

AABR 筛查号：XJ0798　　OAE 筛查号：MS323

姓名：吕新　　性别：男　　出生日期：××年××月××日

出生时孕周：39 周　　出生体重：3.25 kg

检查方法：

1. 筛查型耳声发射（DPOAE） ☑
2. 快速脑干诱发电位（AABR） ☑

检查结果：

DPOAE：右耳：通过 ☐　未通过 ☑　　AABR：右耳：通过 ☐　未通过 ☑

左耳：通过 ☑　未通过 ☐　　左耳：通过 ☑　未通过 ☐

意见：

☐ 通过

☑ 未通过或听力损失高危儿请于婴儿出生 42 天复查

☐ 复查未通过，请于婴儿出生后 3 个月内到省新生儿听力筛查中心确诊

筛查者签名：曾艳丽　　报告时间：××年××月××日

听力筛查及诊断中心电话：21949361

（1）这个检查主要是测什么的？

A. 视力　　B. 听力　　C. 肌张力

（2）关于患儿的检查结果，下列哪项正确？

A. 左耳未通过　　B. 右耳未通过　　C. 双耳未通过

（3）根据患儿的情况，下一步需要怎么做？

A. 出生 42 天复查

B. 出生后 3 个月内复查

C. 到省新生儿听力筛查中心复查

任务二　新生儿先天性小耳畸形病情说明

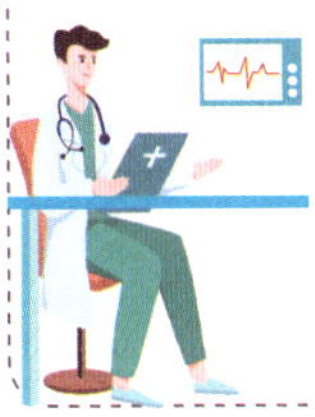

任务描述： 产科医生向先天性小耳畸形患儿家属说明病情，以及出院注意事项。

准备

语言点 1　强调的方法 1：用双重否定表示强调

读一读

读句子，选择与句子意思一致的一项

如果听力复筛还是不通过，那就不得不考虑是否存在听力损伤或者先天性耳聋的情况。

A. 如果听力复筛还是不通过，那就得考虑是否存在听力损伤或者先天性耳聋的情况

B. 如果听力复筛还是不通过，那就不用考虑是否存在听力损伤或者先天性耳聋的情况

C. 如果听力复筛还是不通过，那就没必要考虑是否存在听力损伤或者先天性耳聋的情况

学一学

双重否定是一种连用两个否定形式来表达肯定的句式，表达的是排除了相反的可能性以后，对肯定的一种强调。用双重否定表示肯定，可以收到比直接肯定更强的表达效果。常用的双重否定形式有“不……不……”“没有……不……”“没有不……”等。

例句

（1）他这种病不是不能治，只是很难根治。

（2）什么办法都试了，还是没有用，最后我们不得不放弃了。

（3）你去问问主任，他不会不同意的。

练一练

用双重否定的形式完成句子

（1）这么大的手术，____

____。我们商量好了马上告诉您，可以吗？

（2）为了给孩子治病，____。

（3）王大夫特别受小患者的欢迎，____________________________________。

语言点 2 强调的方法 2：用由疑问代词构成的反问句表示强调

读一读

读句子，选择与句子意思一致的一项

哪个女孩子不希望自己漂漂亮亮的？

A. 为什么有女孩子不希望自己漂漂亮亮的

B. 没有哪个女孩子希望自己漂漂亮亮的

C. 所有女孩子都希望自己漂漂亮亮的

学一学

由含有疑问代词的特指问句加上反问语气构成的反问句可以用来表示强调。这种反问句中的疑问代词并不表疑问，而是表示虚指。否定形式的反问句强调肯定，肯定形式的反问句强调否定。

例句

（1）我又不是故意请假，谁愿意生病啊？

（2）哪个医生不想把病人治好？

（3）生病的事，你什么时候告诉我了？

练一练

选择合适的词语填空

A. 谁　　B. 哪儿　　C. 怎么

（1）医院这么大，我去 ________ 找他啊？

（2）我也不知道病案室在哪儿，你问我，我去问 ________ 啊？

（3）这个问题我刚才已经解释过两遍了，你 ________ 还不明白？

示例

- 科室：产科
- 主治医师：王言达
- 患儿家属：张志诚（患儿父亲）

扫描二维码，获取课文和生词音频

家长，您好！今天请您过来，主要是要跟您说明一下儿耳鼻喉科医生给您家宝宝会诊的结果。耳鼻喉科医生检查发现，宝宝右耳外耳畸形合并外耳道狭窄，确诊为先天性小耳畸形。目前，宝宝新生儿听力筛查左耳通过，右耳未通过。不过，您也不用太担心。宝宝出生时，外耳道可能残留了羊水，这也可能导致初次听力筛查不通过。建议等宝宝 42 天体检的时候，再做一次听力筛查。如果听力复筛还是不通过，那就不得不考虑是否存在先天性耳聋的情况。当然，有些先天性小耳畸形的宝宝还会同时出现

生词

1. 外耳　wài'ěr　*n.*　external ear, outer ear
2. 先天性小耳畸形　xiāntiānxìng xiǎo'ěr jīxíng　congenital microtia
3. 复筛　fùshāi　*v.*　to screen for the second time
4. 先天性耳聋　xiāntiānxìng ěrlóng　congenital deafness

外耳道严重狭窄，甚至没有外耳道，或者中耳内部结构畸形。如果这样的话，就可能会造成听力障碍。不过，您家宝宝右耳外耳道狭窄的程度比较轻，应该不会对听力造成什么太大的影响。只是，将来可能会比较容易出现耵聍。目前，我们从外表上无法判断您家宝宝的中耳是否畸形，需要做头部 CT 才能明确。考虑到宝宝现在还小，我们建议还是等宝宝做了听力复筛以后再说。

现在，我们建议您先带宝宝去整形外科咨询一下儿是否可以给宝宝做耳郭矫正。哪个女孩子不希望自己漂漂亮亮的呢？长大后，外表上的缺陷可能会对宝宝的心理健康造成不良影响。您家宝宝外耳的形态相对比较完整，在宝宝出生一周以内开始矫正，整形效果应该会比较好。要是矫正达不到预期的效果，也可以等宝宝长大以后做手术整形。

宝宝没有什么其他问题了，你们今天就可以出院了。我们已经给宝宝接种了卡介苗和乙肝疫苗的第一针，等宝宝

5 内部 nèibù *n.* internal part
6 结构 jiégòu *n.* structure
7 耵聍 dīngníng *n.* cerumen
8 外表 wàibiǎo *n.* appearance
9 整形外科 zhěngxíng wàikē plastic surgery
10 咨询 zīxún *v.* to consult
11 耳郭 ěrguō *n.* auricle
12 缺陷 quēxiàn *n.* defect
13 形态 xíngtài *n.* form, shape
14 相对 xiāngduì *adv.* relatively
15 预期 yùqī *v.* to expect
16 卡介苗 kǎjièmiáo *n.* Bacillus Calmette-Guérin (BCG) vaccine

满月接种第二针。其他的疫苗接种时间，您可以看一下儿这个疫苗接种时间表。另外，办完出院手续后，您就可以带个人身份证件到一楼办理宝宝的出生证明了。如果您需要复印病历，可以到二楼病案室申请。

⑰ 满月　mǎnyuè　*v.*
(a baby) to be one month old

⑱ 证件　zhèngjiàn　*n.*
certificate, credentials

⑲ 病案室　bìng'ànshì　*n.*
medical record room

活动

答一答

（1）医生会诊的结果是什么？

（2）患儿有没有听力障碍？为什么？

（3）医生建议目前给患儿做什么治疗？为什么？

（4）患儿已经接种了哪些疫苗？什么时候还要接种？

说一说

（1）**小组讨论：**你们认为哪些因素可能导致新生儿听力筛查不通过？请在对应因素前的“□”里画“√”。如果你们认为还有其他因素，请写在下面。

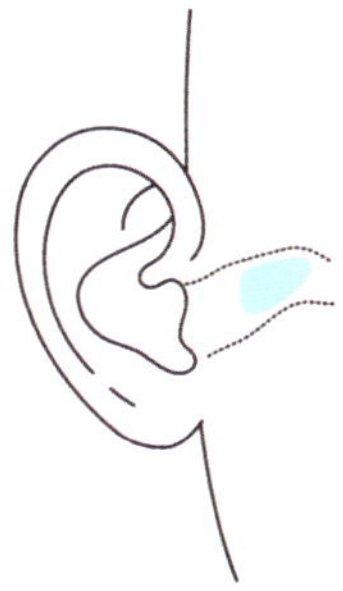

□ 外耳道羊水残留

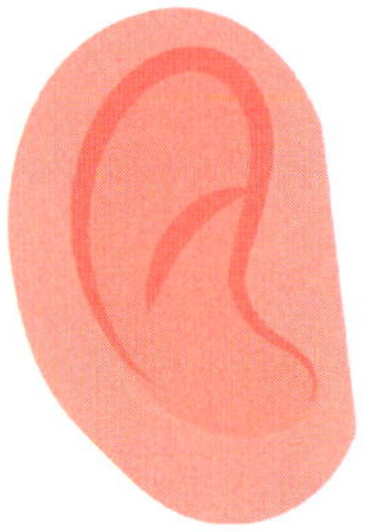

□ 耳道闭锁
（bìsuǒ，to suffer from aural atresia）

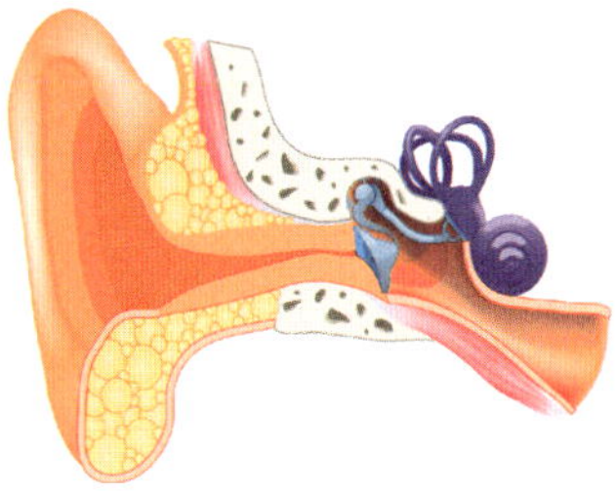

□ 外耳道严重狭窄

其他因素：________________________

（2）**想一想：**下列两组句子中，A、B 两段话的意思一样吗？想一想 A、B 两种表述方式的说话对象可能是谁。两种表述方式有什么不一样？

① A：宝宝出生时，外耳道可能还残留了羊水，这也可能导致宝宝初次听力筛查不通过。

B：新生儿外耳道存在残留羊水等非病理性原因可能导致初次听力筛查不通过。

② A：当然，先天性小耳畸形伴外耳道严重狭窄甚至闭锁，或者鼓室、咽鼓管等中耳内部结构存在畸形，可能会造成听力障碍。

B：当然，有些先天性小耳畸形的宝宝，还会同时出现外耳道严重狭窄，甚至没有外耳道，或者鼓室、咽鼓管等中耳内部结构畸形。如果这样的话，就可能会造成听力障碍。

（3）**成段表达：**请根据“任务二”的示例内容，向患儿家属说明医生的会诊结果并向患儿家属提出建议。

耳鼻喉科医生检查发现，……，确诊为……。目前，宝宝……左耳通过，右耳……。不过，您也不用……。宝宝出生时，……，这也可能导致……。建议等……，再……。如果……，那就不得不……。当然，有些……还会同时出现……，甚至……，或者……畸形。……的话，就……。不过，您家宝宝……比较轻，应该不会……。只是，将来可能会……。目前，我们……无法判断……，需要……才能明确。考虑……，我们建议还是……。

演一演

小组活动：两人一组，根据场景提示，使用下列词语模拟医生和患儿家属的对话。

场景提示：患儿家属因担心小耳畸形会影响患儿听力到医院就诊。

先天性小耳畸形、外耳、闭锁、内部、鼓室、咽鼓管、耵聍、先天性耳聋、中耳、咨询、耳郭、复筛、外表、缺陷

任务操练

实践

听力障碍是常见的出生缺陷，在新生儿中的发生率为1‰～3‰。如果能在孩子出生后6个月内发现听力障碍，通过适当的干预，孩子的语言能力可以基本不受影响。请拍个科普小视频或者写一篇科普小短文，说一说为什么要对新生儿进行听力筛查，以及如果出现听力障碍，应该如何及早进行干预。

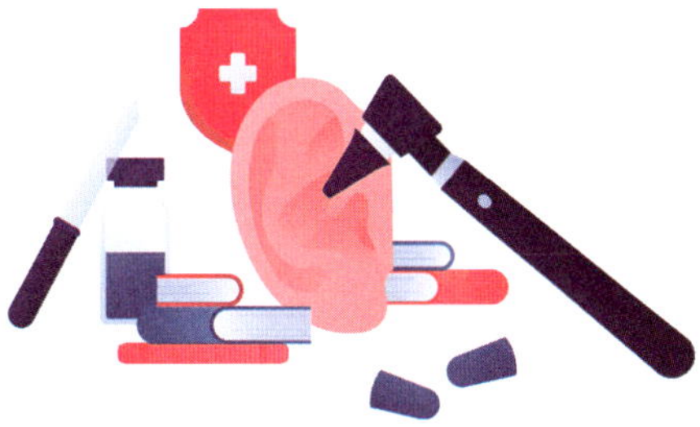

练习

（一）词语搭配

1. 咨询
2. 接种
3. 测量
4. 照射
5. 矫正

A. 卡介苗
B. 头围
C. 蓝光
D. 耳郭
E. 情况

（二）选择正确的词语填空

1. 鹅口疮是一种儿童口腔常见疾病，主要是由真菌感染引起的。所以家长们平时要注意清洁婴儿口腔，婴儿平时用的奶瓶也要做好消毒、（1）________。如果发现婴儿嘴唇上出现白色斑块，用（2）________擦不掉，那就很有可能是感染了鹅口疮。目前临床上多使用（3）________进行治疗，治疗效果良好。

（1）A. 灭菌　　B. 灭杀　　C. 细菌　　D. 杀灭

（2）A. 润肤乳　　B. 石膏　　C. 粉末　　D. 棉签

（3）A. 催乳素　　B. 缩宫素　　C. 制霉菌素　　D. 肾上腺素

2. 昨天耳鼻喉科医生来会诊了，确诊为先天性小耳畸形。医生说目前暂时还不能确定有没有听力（1）________，要等听力复筛后才能确定。医生说宝宝外耳的（2）________还比较完整，建议我们先带孩子去整形外科看看能不能做（3）________矫正。

（1）A. 堵塞　　B. 障碍　　C. 搭配　　D. 梗阻

（2）A. 步态　　B. 心态　　C. 状态　　D. 形态

（3）A. 耳郭　　B. 耳聋　　C. 耵聍　　D. 听力

3. 腹股沟斜疝是小儿（1）________常见的一种，主要表现为患儿腹股沟区膨出包块，腹部用力或大声哭闹时（2）________明显。大多数新生儿疝气是生理性的，会在婴儿的生长过程中逐渐消失。但（3）________情况下，如肠管被卡住无法复位，可能需要进行紧急手术。

（1）A. 胀气　　B. 排气　　C. 嗳气　　D. 疝气

（2）A. 相关　　B. 相对　　C. 相互　　D. 相当

（3）A. 个体　　B. 个别　　C. 个性　　D. 个人

（三）用指定结构完成对话

1. 患者：____

（主语＋被＋动词＋其他成分），快帮帮我们。

医生：让我看看，卡了多久了？

2. 家属：每一次产检我都做了，都没有问题，________________________________?

（含疑问代词的反问句）

医生：这跟很多因素都有关系，小耳畸形一般通过产检 B 超很难发现。

3. 家属：主任，我爸还要做手术吗？

医生：从目前来看，患者的情况还是比较稳定的。但是如果再复发的话，______ ____。（双重否定）

（四）阅读语段，选择与语段意思一致的一项

1. 很多家长都会因为新生儿出生后 48 小时的初次听力筛查没有通过，感到非常焦虑。其实，由于新生儿刚出生时外耳道残留羊水，或检查时哭闹等非病理性原因，很多新生儿会出现听力筛查单侧不通过或双侧均不通过的情况。一般我们会建议等宝宝 42 天体检时，再做一次听力筛查。如果第二次听力筛查还是不通过，才需要考虑是否存在听力损伤或者先天性耳聋的情况。

   A. 如果新生儿 48 小时听力筛查没通过，就很可能是先天性耳聋

   B. 新生儿初次听力筛查不通过都是非病理性原因造成的

   C. 如果新生儿 48 小时听力筛查没通过，需要进行复筛

2. 先天性小耳畸形主要表现为耳郭发育不全、外耳道狭窄或闭锁，严重者可出现中耳道鼓室、咽鼓管畸形。小耳畸形患儿内耳一般正常，但外耳道严重狭窄或闭锁、中耳畸形也可能会造成患儿听力损失（sǔnshī，to lose）。

   A. 先天性小耳畸形是一种先天性的中耳畸形

   B. 中耳鼓室畸形患儿可能存在听力障碍

   C. 先天性小耳畸形患儿外耳、中耳和内耳都有畸形

（五）写作练习

请根据“任务一”的示例内容，写一份病历摘要。

姓名：吕新　　性别：男　　年龄：42 天　　就诊科室：儿童保健科

主　　诉：

现 病 史：

既 往 史：

辅助检查：

初步诊断：

治疗意见：

医生签名：

年　　月　　日

拓展学习

一、词汇

耳部相关词语

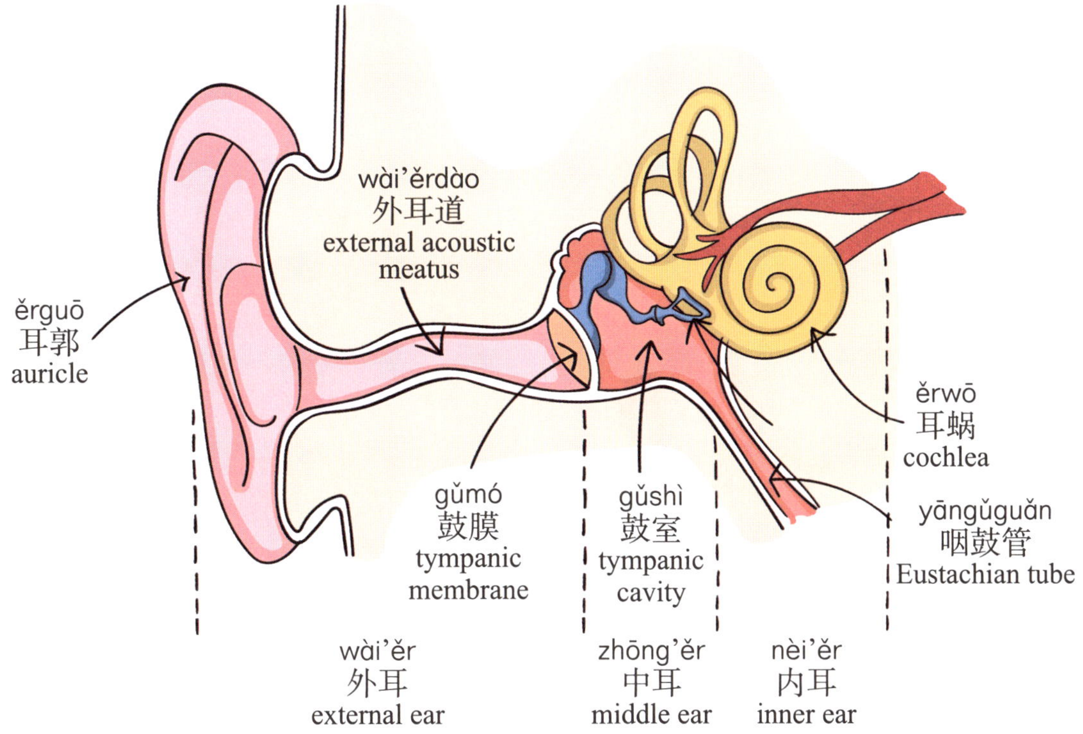

二、阅读

聆听精彩未来，新生儿听力健康行动

听力障碍是最常见的出生缺陷之一。人们常说“十聋九哑”，正常的听力是语言学习的前提。听障儿童由于缺乏语言环境和语言刺激，轻者会导致语言和言语障碍、社会适应能力低下、注意力缺陷和学习困难等心理行为问题，重者最终可能导致聋哑。早期发现听力障碍对预防聋哑和语言发育障碍有着重要作用。如果能在新生儿期或婴儿早期及时发现听力障碍，并进行适当干预，就可使其语言发育不受或少受损害。

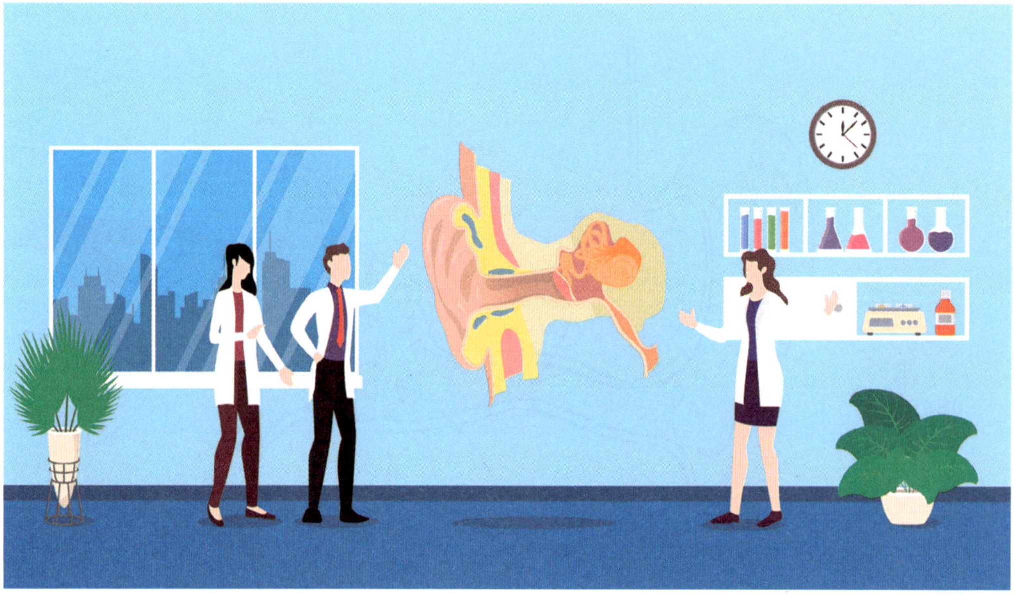

在中国，为了更好地预防听力语言障碍，国家为新生儿提供了免费的听力和遗传性耳聋基因联合筛查。新生儿出生后，医院会在新生儿出生 48 小时后完成听力筛查。初次筛查未通过者，需在出生后 42 天体检时进行听力复筛。复筛仍未通过的，需在 3 个月内到指定听力障碍诊断机构进行听力诊断。而遗传性耳聋基因筛查需在新生儿出生后 72 小时内完成足跟血或脐带血采集，并进行检测。检测结果阳性提示有遗传性耳聋的风险，但在临床上不一定表现出耳聋的症状，需要进一步检查听力是否有异常。

被确诊为永久性听力损失的婴儿应在 6 个月内尽快接受干预治疗。

越早干预，患儿的语言能力受到的影响就越小。佩戴助听器是婴幼儿早期听力干预的重要手段。对于双耳重度或极重度感音神经性聋以及存在耳蜗病变的患者，如果配戴助听器3到6个月无效或效果不佳的话，就需要考虑植入人工耳蜗。人工耳蜗植入手术费一般需要数十万元，后续康复治疗的费用也相对较高。根据国家有关政策，7周岁以下患儿可以申请免费植入人工耳蜗。近年来，中国越来越多的省市也开始将人工耳蜗纳入医保报销范畴。部分省市还为接受人工耳蜗植入的患儿提供手术费用和康复训练补助。

（一）重要医学词语

1. 聋哑	lóngyǎ	*adj.*	deaf and dumb
2. 干预	gānyù	*v.*	to intervene
3. 足跟血	zúgēnxuè	*n.*	heel blood
4. 佩戴	pèidài	*v.*	to wear
5. 助听器	zhùtīngqì	*n.*	deaf-aid, hearing aid
6. 感音神经性聋	gǎnyīnshénjīngxìnglóng	*n.*	sensorineural hearing loss
7. 范畴	fànchóu	*n.*	category
8. 补助	bǔzhù	*n.*	subsidy

（二）阅读材料，选择正确答案

1. 文章第一段中“十聋九哑”是什么意思？

   A. 听力障碍很可能会导致儿童出现心理问题

   B. 听力障碍很可能会导致儿童出现智力障碍

   C. 听力障碍很可能会影响儿童的社会适应能力

   D. 听力障碍很可能会影响儿童的语言发育

2. 在中国，新生儿出生多长时间后要进行听力筛查？

A. 48 小时　　B. 72 小时　　C. 1 个月　　D. 3 个月

3. 关于新生儿遗传性耳聋基因筛查，下列哪项正确？

A. 在中国，新生儿遗传性耳聋基因筛查不是免费的

B. 做新生儿遗传性耳聋基因筛查时，要采集新生儿的足跟血或脐带血

C. 新生儿遗传性耳聋基因筛查结果阳性说明新生儿听力异常

D. 遗传性耳聋基因筛查结果为阳性的新生儿需要进行复筛

4. 根据文章内容，下列哪项正确？

A. 重度或极重度耳聋的患者都可以安装人工耳蜗

B. 极重度感音神经性聋患者佩戴助听器没有效果

C. 人工耳蜗植入手术费和后续康复治疗的费用比较高

D. 在中国，耳聋患儿都可以申请免费植入人工耳蜗以及手术、康复训练费用补助

自我评估

一、生词知多少

你认识下列词语吗？如果认识，请在词语前的“□”里画“√”；如果不认识，请再复习复习。

□ 头围	□ 胸围	□ 身长	□ 测量
□ 嘴唇	□ 背部	□ 外耳	□ 耳郭
□ 先天性耳聋	□ 先天性小耳畸形	□ 复筛	□ 耵聍
□ 鹅口疮	□ 制霉菌素片	□ 蓝光照射	□ 足月儿
□ 腹股沟斜疝	□ 疝气	□ 疙瘩	□ 棉签
□ 灭菌	□ 奶瓶	□ 润肤乳	□ 卡介苗
□ 满月	□ 整形外科	□ 采血室	□ 病案室
□ 粉末	□ 磨	□ 卡	□ 趴
□ 咨询	□ 相对	□ 预期	□ 内部
□ 结构	□ 外表	□ 形态	□ 证件
□ 缺陷	□ 舒适	□ 湿润	□ 个别

掌握了 25 个以上：非常好，为你点赞！

掌握了 20～25 个：不错，继续努力！

掌握了 19 个及以下：好好复习，下次加油！

二、你知道怎么说吗？

你知道下列几种情况应该怎么说吗？如果知道，请在句子前的“□”里画“√”。

□ 介绍新生儿鹅口疮的预防和治疗。

□ 说明新生儿疝气的治疗。

□ 介绍先天性小耳畸形的临床表现和治疗方法。

第二十课

这下儿好了，眼睛都要看瞎了

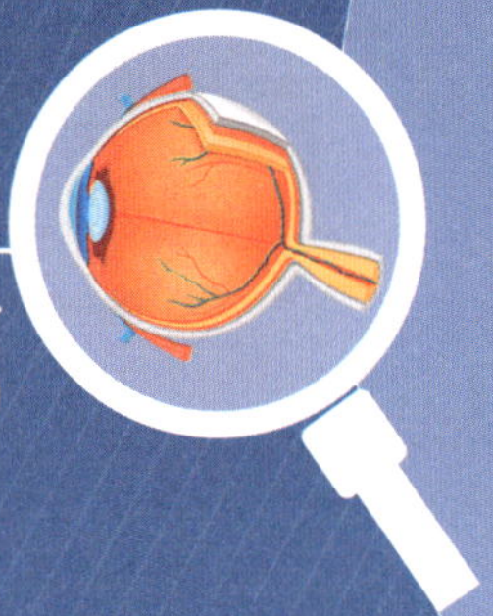

主题热身

一、给下列词语选择对应的图片

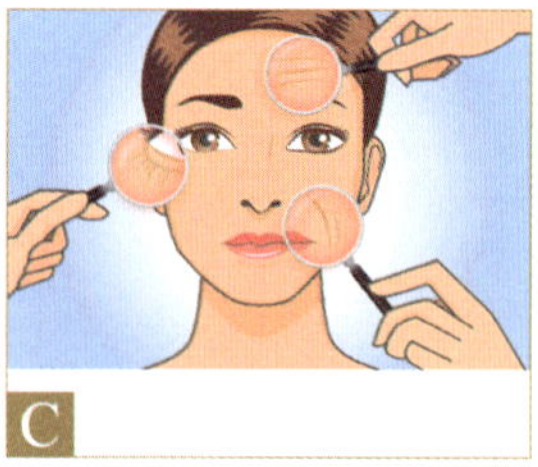

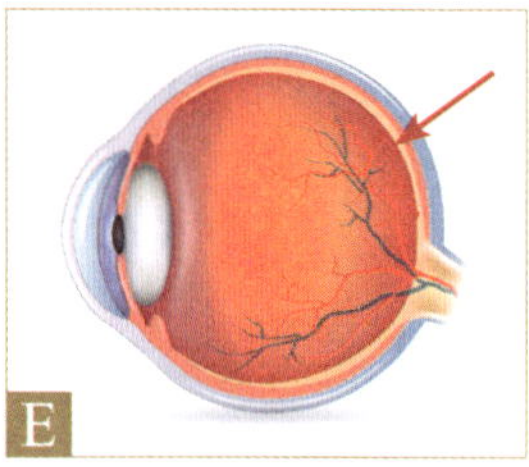

1. 瞎__________ 2. 皱纹__________ 3. 耳背__________

4. 滴眼液________ 5. 视网膜________ 6. 老花眼________

二、听对话，选择正确答案

1. 男的为什么不睡觉？

   A. 生病了　　B. 看球赛　　C. 要上班

2. 根据对话，男的怎么了？

   A. 恶心　　B. 拉肚子　　C. 左眼疼

3. 关于男的，可以知道什么？

   A. 明天休息　　B. 得了急性肠胃炎　　C. 看不清东西

扫描二维码，获取听力音频

任务学习

任务一　青光眼的问诊

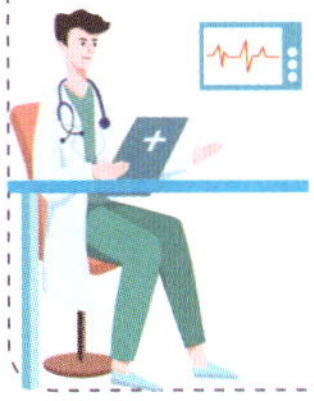

任务描述： 患者因熬夜看球引发青光眼急性发作，用药后到眼科复诊。

准备

语言点 1　介词：于（表示比较）

读一读

读句子，选择与句子意思一致的一项

刚才给您测了眼压，已经降下来一些了，但还是高于正常值。

A. 患者的眼压已经降到正常值了

B. 患者的眼压还是比正常值高

C. 患者的眼压还没升到正常值

学一学

介词“于”在书面语中，用在形容词后，可以表示比较。常用的结构为“形容词 + 于……”，有“比……形容词”的意思。

例句

（1）孕晚期，羊水量少于 300 毫升，被称为羊水过少。

（2）对肥胖的病人来说，要限制摄入的热量，要使摄入的热量小于消耗的。

（3）血氧含量低于 95% 一般就需要进行吸氧治疗了。

练一练

用“形容词 + 于……”改写句子

（1）正常来说，成人每天的饮水量至少要达到 1600 毫升。

____

（2）临床上，如果孕妇的血红蛋白浓度不到 100 g/L，我们就认为是贫血。

____

（3）一般来说，手骨关节炎的女性患者比男性患者多。

____

语言点 2　假设复句：幸亏……，要不然 / 不然 / 要不 / 否则……

读一读

读句子，选择可以与句中加点词语相替换的一项

幸亏治疗比较及时，视力应该不会受到太大的影响，要不然可能会造成永久性失明。

A. 要是　　B. 万一　　C. 还好

学一学

“幸亏……，要不然 / 不然 / 要不 / 否则……”常用于假设复句。前一小句中，“幸亏”一般放在句首，表示由于某种有利条件或某种行为的发生而侥幸避免了不良的后果；后一小句用“要不然 / 不然 / 要不 / 否则”来连接可能出现的不良后果。

例句

（1）幸亏我老伴儿及时发现，叫人把我送到了医院，要不然我现在可能已经瘫痪了。

（2）幸亏我提前预约了，要不今天就挂不上王主任的号了。

（3）幸亏今年体检我做了肠镜，否则也不可能发现这么早期的肠癌。

练一练

用"幸亏……，要不然 / 不然 / 要不 / 否则……"完成句子

（1）＿＿＿＿＿＿＿＿＿＿＿＿＿＿＿＿＿＿＿＿＿＿＿＿，不然我今天就迟到了。

（2）幸亏我听了医生的话，＿＿＿＿＿＿＿＿＿＿＿＿＿＿＿＿＿＿＿＿＿＿。

（3）＿＿＿＿＿＿＿＿＿＿＿＿＿＿＿＿＿＿＿＿＿＿＿＿，否则我就得剖宫产了。

示例

- 科室：眼科（门诊）
- 患者：杜建中（男，50岁）
- 主任医师：李薇
- 患者家属：方华（患者妻子）

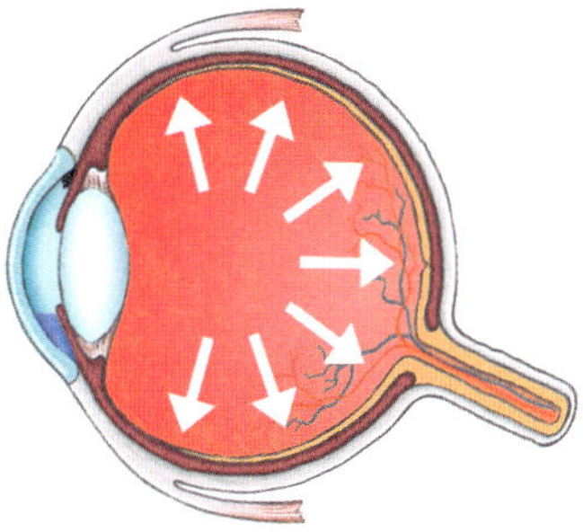

扫描二维码，获取课文和生词音频

李　薇：您现在感觉怎么样？

杜建中：好多了。头不疼了，也没有恶心、想吐的感觉了。但右眼还是有点儿疼，看东西还是看不清。

李　薇：刚才给您测了眼压，已经降下来一些了，但还是高于正常值。上次给您开的滴眼液再滴两天。口服的药可以不吃了，针也不用打了。两天后，您再来复查。

杜建中：就是这个眼药水，对吗？

李　薇：对。您回去一定要按我说的方法滴，我再给您示范一下儿吧。（医生给患者示范滴眼液的使用方法）

生　词

1. 眼压　yǎnyā　*n.*　intraocular pressure
2. 正常值　zhèngchángzhí　*n.*　normal valuc
3. 滴眼液　dīyǎnyè　*n.*　eye drops
4. 滴　dī　*v.*　to drip
5. 口服　kǒufú　*v.*　to take (medicine) orally
6. 眼药水　yǎnyàoshuǐ　*n.*　eye drops
7. 示范　shìfàn　*v.*　to demonstrate

杜建中：好的，我记住了。李主任，我想问一下儿，我的视力还能恢复吗？

李　薇：青光眼对视神经的损伤是不可逆的。现在最重要的是先把您的眼压降下来，以免对视神经造成更大的损害。您这次是青光眼的急性大发作。幸亏治疗比较及时，视力应该不会受到太大的影响，要不然可能会造成永久性失明。

杜建中：好的，谢谢您，我一定配合治疗。那要是药物治疗能把眼压降下来的话，我是不是就可以不做手术了？

李　薇：您属于原发性闭角型青光眼。从您的眼球解剖结构上来看，前房比较浅，房角相对狭窄。药物治疗只是降低了眼压，并没有解决根本问题。从目前的情况来看，您可能还是需要通过手术或激光治疗来预防青光眼再次发作。

方　华：李主任，您说他是不是因为最近经常熬夜看球才得的青光眼啊？

李　薇：也不能这么说。他的青光眼主要

8 青光眼　qīngguāngyǎn　*n.*　glaucoma
9 视神经　shìshénjīng　*n.*　optic nerve
10 永久性　yǒngjiǔxìng　*adj.*　permanent
11 原发性闭角型青光眼　yuánfāxìng bìjiǎoxíng qīngguāngyǎn　primary angle-closure glaucoma
12 前房　qiánfáng　*n.*　anterior chamber
13 浅　qiǎn　*adj.*　shallow
14 房角　fángjiǎo　*n.*　chamber angle
15 激光　jīguāng　*n.*　laser

还是跟眼球解剖结构异常有关。但他看球时没开灯，情绪又比较激动，这都会使瞳孔散大，虹膜向周边移动，导致本来就狭窄的房角关闭。房角关闭后，充满前房和后房的房水无法排出，就引起了眼压急剧升高，从而诱发了青光眼的急性发作。

方　华：是这样啊。（对丈夫说）你看！我让你别总是熬夜看球，你就是不听。这下儿好了，眼睛都要看瞎了。

杜建中：我错了，以后不敢了。

方　华：李主任，您刚才说的激光治疗会不会有什么后遗症啊？万一操作失误，会不会瞎了啊？

李　薇：现在这个手术技术已经很成熟了，术后并发症也比较少，您不用太担心。

杜建中：那我什么时候可以做手术呢？

李　薇：您先别着急，等您眼压稳定了，要给您做进一步检查才能确定具体的治疗方案。

杜建中：好的，谢谢您。

16 散大　sàndà　*v.*　to dilate
17 虹膜　hóngmó　*n.*　iris
18 周边　zhōubiān　*n.*　periphery
19 充满　chōngmǎn　*v.*　to be full of
20 后房　hòufáng　*n.*　posterior chamber
21 房水　fángshuǐ　*n.*　aqueous humor
22 急剧　jíjù　*adj.*　rapid, drastic
23 瞎　xiā　*v.*　to be blind
24 操作　cāozuò　*v.*　to operate
25 失误　shīwù　*v.*　to make a mistake

Note:
闭角型青光眼

扫描二维码，获取注释内容

活动

答一答

（1）患者现在感觉怎么样？

（2）青光眼对视力有什么影响？

（3）医生为什么建议患者做激光治疗？

（4）为什么熬夜看球会诱发青光眼急性发作？

说一说

小组讨论：你们认为青光眼患者可能出现哪些临床表现？请在对应临床表现前的“□”里画“√”。如果你们认为还有其他临床表现，请写在下面。

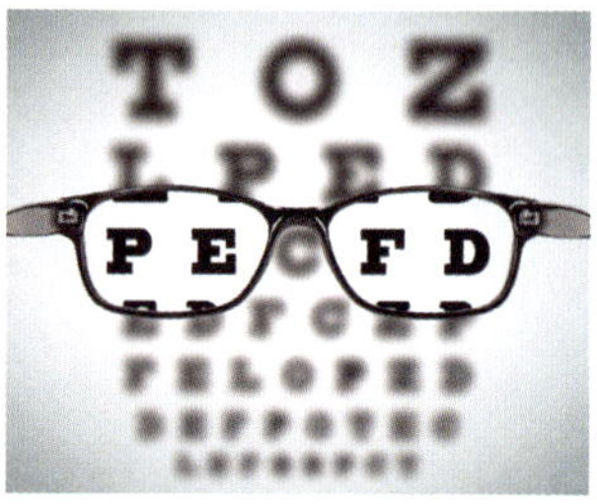

□ 视力减退

□ 眼痛

□ 头痛

□ 流泪

□ 畏光

□ 恶心、呕吐

其他临床表现：____

读一读

读门诊病历，选择正确答案

门诊病历

姓名：杜建中　　性别：男　　年龄：50岁　　科室：眼科

主　　诉：恶心，呕吐，右眼胀痛，突然视物不清。

现 病 史：患者晚上12点左右看电视时，恶心呕吐，同时伴有右眼痛，同侧头痛，视物不清，至我院急诊。急诊拟："头痛待查"，予神经内科就诊。行头颅CT未见异常，请我科会诊。查见右眼角膜水肿，瞳孔大，眼压40 mmHg，遂拟急性闭角型青光眼收治我科。

既 往 史：无传染病史，无手术外伤史，无地方病居住史，无疫区接触史，无吸烟史，否认家族性遗传病史。

体格检查：右眼：视力0.1，结膜充血（+++），角膜雾状水肿，前房周边浅，瞳孔直径6 mm，对光反射基本消失。眼底视盘C/D：0.6。眼压40 mmHg。

左眼：视力1.2，结膜无充血，角膜清，前房周边浅，瞳孔直径3 mm，光反射灵敏。眼底视盘C/D：0.4。眼压21 mmHg。

辅助检查：血常规、血糖、颅部CT未见明显异常。房角检测：右眼窄2，左眼窄1。前节UBM检查：右眼房角夹角5度，左眼10度。

初步诊断：右眼急性闭角型青光眼。

治疗意见：甘露醇250 mL静滴，硝酸毛果芸香碱滴眼液每日4次，每日测眼压，完善眼科相关辅助检查。

（1）患者主诉有什么症状？

A. 反复低烧　　B. 头晕　　C. 右眼胀痛

（2）关于患者双眼的描述，下列哪项正确？

A. 右眼瞳孔大，眼压40 mmHg

B. 左眼视力 0.1，右眼视力 1.2

C. 双眼前房周边浅，光反射消失

（3）根据患者的病历，下列哪项正确？

A. 患者的右眼房角夹角 10 度

B. 患者的 CT 检查未见异常

C. 患者被诊断为急性开角型青光眼

任务二　糖尿病眼病的健康宣传教育

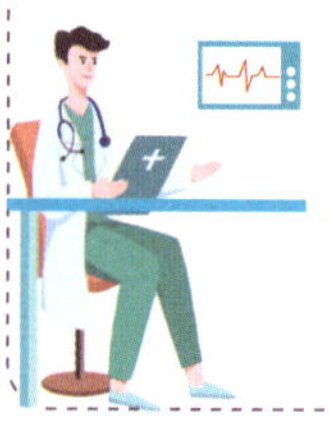

任务描述：眼部健康教育节目介绍糖尿病眼病。

准备

语言点　兼语句表示称谓或认定义：主语 + 叫 / 称（呼）/ 说 / 收 / 选 + 宾语$_1$ + 做 / 为 / 当 / 是 + 宾语$_2$

读一读

读句子，选择可以与句中加点词语相替换的一项

医生说她可能是白内障或者糖尿病眼病，让她做了相关检查。

A. 批评　　　　B. 因为　　　　C. 认为

学一学

兼语句“主语 + 叫 / 称（呼）/ 说 / 收 / 选 + 宾语$_1$ + 做 / 为 / 当 / 是 + 宾语$_2$”用来表示称谓或认定义。其中，“宾语$_1$”既是动词“叫 / 称（呼）/ 说 / 收 / 选”的宾语，又是动词“做 / 为 / 当 / 是”的主语。

例句

（1）医学上，我们称“脑中风”为“脑卒中”。

（2）医生们都说他是中文最好的实习生。

（3）我们都选他当实习队长。

练一练

组词成句

（1）指导老师　选　做　王主任　我　我的

____

（2）是　刘主任　他　青光眼　说　急性发作

____

（3）巧克力囊肿　称　一般　子宫内膜异位症　为　我们

____

示例

- 节目：《爱眼说》
- 主持人：刘茜

扫描二维码，获取课文和生词音频

大家好！欢迎收看《爱眼说》。年纪大了，脸上皱纹多了，头发白了，耳朵背了，眼睛老花了，这些都是我们身体器官衰老的正常生理现象。可最近65岁的王大妈发现自己的老花眼突然好了，

生词

1. 皱纹　zhòuwén　*n.*　wrinkle
2. （耳）背 (ěr) bèi　*adj.*　hard of hearing
3. 老花　lǎohuā　*v.*　to be presbyopic
4. 衰老　shuāilǎo　*adj.*　senile

即使不戴老花镜，不用放大镜，也能看清楚手机上的小字了。这让她开心极了，好像自己一下子变年轻了一样。以防万一，她还是决定到医院眼科验个光。可没想到听了她的描述，医生说她可能是白内障或者糖尿病眼病，让她做了相关检查。检查后发现，王大妈虽然没有白内障，但她的空腹血糖几乎是正常参考值的 4 倍，不得不住院治疗。

这究竟是怎么回事呢？糖尿病跟眼睛又有什么关系呢？原来，血糖急剧升高会导致眼部晶状体变凸，屈光度增加，所以王大妈的视力有了明显改善。但这种视力改变只是暂时的，当血糖恢复正常后，视力又会恢复到以前的水平。除了屈光改变，长期的血糖控制不佳还可能引发白内障、青光眼、视网膜病变等严重的眼部疾病。其中，糖尿病视网膜病变是糖尿病最严重的并发症之一，致盲率很高。但病变初期可能不会出现任何症状，或仅表现为轻微的视力下降，很容易被忽视。一旦病情发展到晚期，

5 老花镜 lǎohuājìng *n.* presbyopic glasses, reading glasses

6 放大镜 fàngdàjìng *n.* magnifying glass

7 白内障 báinèizhàng *n.* cataract

8 几乎 jīhū *adv.* nearly

9 参考值 cānkǎozhí *n.* reference value

10 晶状体 jīngzhuàngtǐ *n.* crystalline lens

11 屈光度 qūguāngdù *n.* diopter

12 视网膜 shìwǎngmó *n.* retina

13 致盲率 zhìmánglǜ *n.* blind rate

14 初期 chūqī *n.* initial stage, early stage

15 轻微 qīngwēi *adj.* slight

就可能导致视网膜脱落、失明等严重后果。因此，糖尿病患者一定要注意控制血糖，关注眼部健康。被确诊为糖尿病后，要及时进行全面的眼部检查，并定期复查眼底情况。对于病程较长的糖尿病患者来说，无论视力是否减退，都要定期进行眼底检查。

这里，我们要特别提醒老年朋友们，一旦出现看东西模糊、有重影或者视野范围变小等情况，一定要及时到医院检查，不要觉得“人老了，看不清很正常”。糖尿病、高血压以及一些肾脏疾病都可能会引起眼底病变。老年朋友们也要注意用眼健康，避免长时间用眼造成眼睛酸痛、干涩、畏光、视疲劳等眼部不适。此外，白内障、干眼等都是老年人常见的眼部疾病。一旦确诊了，都应该积极治疗，尽量减少视力损失。眼睛是人体最重要的感觉器官之一。只有养成良好的用眼习惯，积极预防眼部疾病，我们才能共同享受眼前的光明与美好！

16 视野　shìyě　*n.*　view, vision

17 干涩　gānsè　*adj.*　dry and puckered

18 干眼　gānyǎn　*n.*　dry eye

19 损失　sǔnshī　*v.*　to lose

20 感觉器官　gǎnjué qìguān　*n.*　sensory organ

21 享受　xiǎngshòu　*v.*　to enjoy

活动

答一答

（1）王大妈为什么开心极了？

（2）王大妈出现视力改变的主要原因是什么？

（3）糖尿病视网膜病变可能引起什么严重后果？

（4）老年人出现哪些眼部症状应及时就医？

说一说

（1）**小组讨论：**糖尿病可能引起哪些眼部病变？会出现哪些相应的症状？

眼部病变	症状

（2）**想一想：**下列两组句子中，A、B 两段话的意思一样吗？如果你要向上级医生汇报患者的情况，A、B 两种表述方式哪种更合适？两种表述方式有什么不同？

① A：病人说感觉眼睛又酸又痛，很干，看东西模糊、有重影，好像有一块看不见。

B：患者出现眼睛酸痛干涩、视物不清（shì wù bù qīng，blurred vision）、重影、视野缺损等症状。

② A：患者出现自发性屈光改变，考虑白内障或糖尿病眼病可能。

B：病人视力突然变好，我觉得可能是因为白内障或者糖尿病眼病。

（3）**成段表达：**请根据“任务二”的示例内容，说一说糖尿病可能引起的眼部病变。

血糖……会导致……变凸，……增加，所以……有了……。但……只是……的，当……后，……又会……。除了……，……还可能引发……、……、……等严重的……。其中，……是……最严重的……之一，……很高。但……可能不会……，或仅……，很容易……。一旦……，就可能导致……、……等……。

演一演

小组活动：两人一组，根据场景提示，使用下列词语模拟患者与医生的对话。

场景提示：患者因眼部不适到眼科就诊，医生对病人进行问诊并排查可能的病因。

白内障、青光眼、屈光度、老花眼、滴眼液、干眼、视物不清、视网膜、晶状体、视野、衰老、激光、滴眼液、眼压

任务操练

实践

手机几乎成了人们生活中不可或缺的一部分。许多人每天早上起床的第一件事就是看手机，吃饭、工作或学习休息时，甚至关灯上床睡觉时都要看手机。看手机似乎成了人们每天的功课。如果一段时间不看手机，有些人甚至会感到焦虑、不安。长时间看手机会对我们的眼部健康产生许多不良影响。请录制一段护眼科普小视频，告诉大家应该如何合理使用手机，保护眼部健康。

练习

（一）词语搭配

1. 视力
2. 房角
3. 瞳孔
4. 屈光度
5. 视网膜

A. 散大
B. 增加
C. 减退
D. 脱落
E. 关闭

（二）选择正确的词语填空

1. 急性闭角型青光眼患者急性发作时，症状（1）________，包括突发的（2）________下降、眼部胀痛、同侧头痛等，严重者可（3）________恶心、呕吐。

（1）A. 显示　　B. 显然　　C. 明显　　D. 显得
（2）A. 视力　　B. 视野　　C. 视神经　　D. 视网膜
（3）A. 共有　　B. 伴有　　C. 含有　　D. 具有

2. 糖尿病可能引发（1）________糖尿病视网膜病变、白内障、青光眼等。其中，视网膜病变是糖尿病最为常见的并发症之一。视网膜病变如果未及时治疗，可能导致视网膜（2）________，甚至永久性（3）________。

（1）A. 属于　　B. 参考　　C. 联合　　D. 包括
（2）A. 脱落　　B. 脱水　　C. 脱位　　D. 脱皮
（3）A. 失误　　B. 失语　　C. 失明　　D. 失眠

3. 青光眼急性发作时会导致眼压（1）________升高，如果处理不及时，眼压持续高（2）________正常值，有可能会对视神经造成严重（3）________。

（1）A. 紧急　　B. 急剧　　C. 急忙　　D. 急促

（2）A. 对　　B. 为　　C. 比　　D. 于

（3）A. 损害　　B. 厉害　　C. 有害　　D. 伤害

（三）用指定结构完成对话

1. 患者：主任，您刚才说我的眼压已经降下来了，那我的视力还能恢复吗？

医生：____。

（幸亏……，要不然……）

2. 女儿：爸，我妈怎么样了？医生是怎么说的？

父亲：________________________（主语＋说＋宾语 $_1$ ＋是＋宾语 $_2$），还要再做几个检查才能确诊。

（四）阅读语段，选择与语段意思一致的一项

1. 多数慢性闭角型青光眼和开角型青光眼患者早期可能并没有明显的症状，患者自己也很难发现。但是当患者出现症状到医院就医时，病变通常已经发展到了中晚期，可能会导致严重的、不可逆的视觉功能损伤。

A. 慢性闭角型青光眼早期有比较明显的症状

B. 青光眼患者出现症状到医院就医时，病变已经发展到晚期了

C. 青光眼可能会导致不可逆的视觉功能损伤

2. 糖尿病患者要积极有效地控制血糖，警惕糖尿病视网膜病变的发生，预防糖尿病眼病。在饮食上要尽量清淡，少吃辛辣、刺激、高脂肪的食物。平时要坚持锻炼，但要注意适度，避免剧烈运动。此外，还要注意用眼卫生，避免长时间阅读、使用手机等造成视疲劳。

A. 糖尿病患者一般都会出现糖尿病眼病

B. 糖尿病患者可以适当锻炼，但要避免剧烈运动

C. 长时间阅读、使用手机会直接造成糖尿病视网膜病变

（五）写作练习

请根据“任务一”的示例内容，写一份病历摘要。

姓名：杜建中　　性别：男　　年龄：50 岁　　就诊科室：眼科

主　　诉：

现 病 史：

既 往 史：

体格检查：

辅助检查：

初步诊断：

治疗意见：

医生签名：

年　　月　　日

拓展学习

一、词汇

眼球相关词语

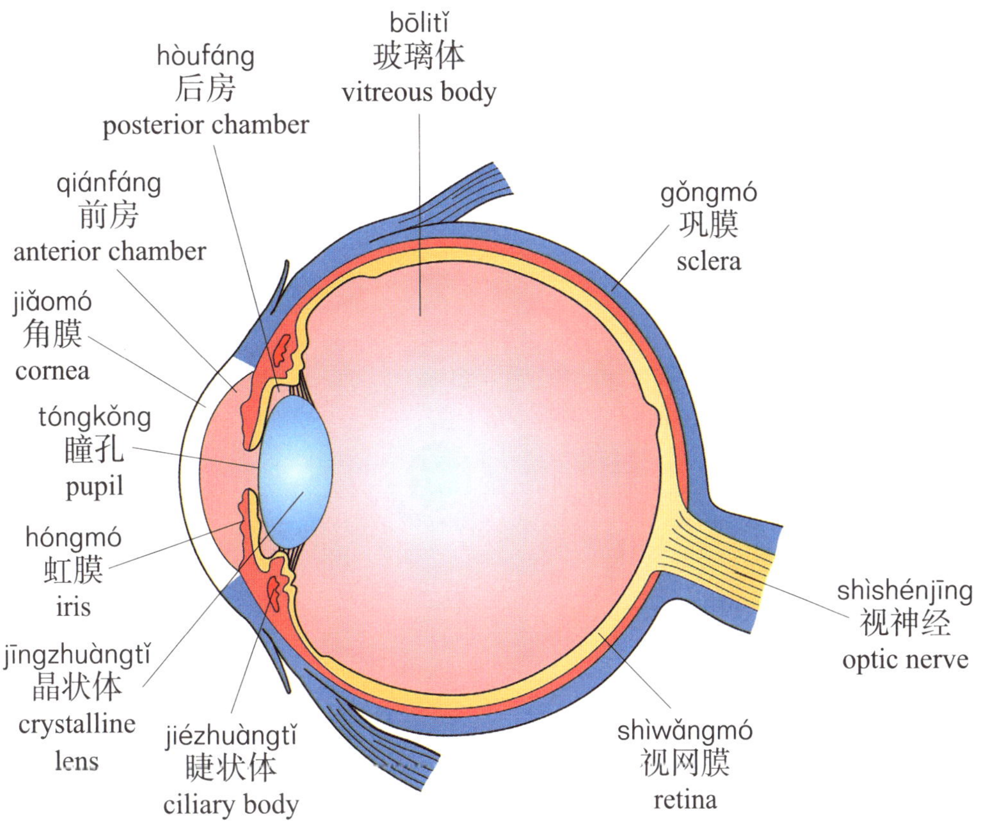

二、阅读

不以山海为远，国际“光明行”

白内障是全球最主要的致盲性眼病之一。据统计，全球有近一半的盲人是由白内障导致的。因晶状体病变，白内障患者会产生明显的视力障碍。老年性白内障是最常见的白内障类型。

晶状体是眼睛内部屈光系统的关键组成部分。正常情况下，透明的晶状体能够让光线通过并投射到视网膜上，形成清晰的图像。然而，老化、免疫代谢异常、遗传、局部营养障碍等各种原因都会引起晶状体透明度下降，阻碍光线进入眼睛内部，从而导致患者视物不清、视力下降，甚至失明。

与青光眼不同，白内障致盲具有一定的可逆性。通过手术治疗，一些因白内障致盲的患者是能够恢复视力的。尽管手术治疗是白内障患者恢复视力的有效途径，但在一些发展中国家和地区，由于医疗资源和技术有限，白内障手术的普及率并不高。许多白内障患者无法及时得到手术治疗，最终导致失明。白内障致盲及其带来的患者生活自理能力和劳动能力丧失，不仅制约了这些国家和地区的发展，也给其公共卫生系统带来了巨大压力。

为了改变这一状况，中国自2014年起在亚洲、非洲和中美洲的一些国家积极开展“光明行”项目。该项目通过派遣中国眼科专家到受援国进行白内障手术，以及捐赠眼科手术设备、开展白内障手术技术培训等方式，与当地医疗团队合作，为许多白内障患者带来了光明。随着中国“一带一路”倡议的深入推进，“光明行”项目成为“健康丝绸之路”建设的重要组成部分。“光明行”项目在许多“一带一路”国家持续开展，给越来越多白内障致盲患者带来了复明的希望。

除了“光明行”项目，中国自1963年起就开始向海外派遣医疗队，至今中国已累计先后向70多个国家和地区提供了医疗援助。中国援外医疗队不仅为当地人民提供了高质量的医疗服务，还通过技术交流和培训等方式显著提升了当地的医疗水平。未来，中国还将继续加强与各国的医疗卫生合作，为构建人类卫生健康共同体贡献更多力量。

（一）重要医学词语

1. 投射	tóushè	*v.*	to cast
2. 普及率	pǔjílǜ	*n.*	prevalence rate
3. 制约	zhìyuē	*v.*	to restrict
4. 派遣	pàiqiǎn	*v.*	to send, to dispatch
5. 捐赠	juānzèng	*v.*	to donate
6. 复明	fùmíng	*v.*	to recover one’s eyesight
7. 累计	lěijì	*v.*	to add up to
8. 援助	yuánzhù	*v.*	to assist
9. 构建	gòujiàn	*v.*	to build

（二）阅读材料，选择正确答案

1. 白内障的主要病变部位是：

A. 视网膜　　B. 视神经　　C. 晶状体　　D. 玻璃体

2. 根据文章内容，下列对“白内障”的描述正确的是：

A. 白内障是全球致盲率最高的眼病

B. 通过手术治疗可以帮助一些白内障患者复明

C. 发展中国家和地区的白内障手术普及率不高主要是因为缺乏眼科医生

D. 白内障致盲给全球的公共卫生系统都带来了巨大压力

3. 中国是从什么时候开始启动国际“光明行”项目的？

A. 1963 年　　B. 1970 年　　C. 2007 年　　D. 2014 年

4. 根据文章内容，下列描述正确的是：

A. 中国主要在亚洲、非洲和南美洲的一些国家开展了国际“光明行”项目

B. 国际“光明行”项目主要是向受援国捐赠眼科手术设备

C. 到目前为止，中国已为全球 70 多个国家和地区提供了医疗援助

D. 国际“光明行”项目是中国“一带一路”倡议最重要的组成部分

自我评估

一、生词知多少

你认识下列词语吗？如果认识，请在词语前的“□”里画“√”；如果不认识，请再复习复习。

□ 前房	□ 后房	□ 房角	□ 房水
□ 虹膜	□ 晶状体	□ 视网膜	□ 视神经
□ 视野	□ 白内障	□ 青光眼	□ 初期
□ 屈光度	□ 眼压	□ 老花	□ 老花镜
□ 放大镜	□ 干眼	□ 干涩	□ 感觉器官
□（耳）背	□ 瞎	□ 致盲率	□ 滴眼液
□ 眼药水	□ 滴	□ 口服	□ 皱纹
□ 衰老	□ 正常值	□ 参考值	□ 永久性
□ 激光	□ 损失	□ 享受	□ 操作
□ 失误	□ 充满	□ 示范	□ 散大
□ 浅	□ 周边	□ 急剧	□ 几乎
□ 轻微	□ 原发性闭角型青光眼		

掌握了 25 个以上：非常好，为你点赞！

掌握了 20 ～ 25 个：不错，继续努力！

掌握了 19 个及以下：好好复习，下次加油！

二、你知道怎么说吗？

你知道下列几种情况应该怎么说吗？如果知道，请在句子前的“□”里画“√”。

□ 描述青光眼患者的主要症状。

□ 介绍青光眼的发病原因和主要治疗手段。

□ 介绍糖尿病眼部病变的类型及其症状。

附　录

语法术语缩略形式一览表

缩略形式	英文名称	中文名称
adj.	Adjective	形容词
adv.	Adverb	副词
conj.	Conjunction	连词
int.	Interjection	叹词
m.	Measure Word	量词
n.	Noun	名词
num.	Numeral	数词
ono.	Onomatopoeia	拟声词
part.	Particle	助词
pref.	Prefix	前缀
prep.	Preposition	介词
pron.	Pronoun	代词
q.	Quantifier	数量词
suf.	Suffix	后缀
v.	Verb	动词

生词表

词语	拼音	词性	英译	课号
A				
阿尔茨海默病	ā'ěrcíhǎimòbìng	*n.*	Alzheimer's disease (AD)	11
安慰	ānwèi	*v.*	to comfort	12
凹凸不平	āo tū bù píng		lumpy	17
凹陷	āoxiàn	*v.*	to be concave	17
B				
疤	bā	*n.*	scar	17
白内障	báinèizhàng	*n.*	cataract	20
斑丘疹	bānqiūzhěn	*n.*	maculopapule	13
伴随	bànsuí	*v.*	to accompany	15
棒	bàng	*adj.*	excellent	12
包块	bāokuài	*n.*	mass	16
薄	báo	*adj.*	thin	16
保健	bǎojiàn	*v.*	to maintain health	18
保姆	bǎomǔ	*n.*	housemaid, nanny	11
背部	bèibù	*n.*	back	19
避孕套	bìyùntào	*n.*	condom	18
便秘	biànmì	*v.*	to constipate	11
标本	biāoběn	*n.*	specimen	13
并发	bìngfā	*v.*	to be complicated by	15
病案室	bìng'ànshì	*n.*	medical record room	19
病危	bìngwēi	*v.*	to be critically ill	12

词语	拼音	词性	英译	课号
补液	bǔyè	*v.*	to have fluid replacement	14
哺乳	bǔrǔ	*v.*	to breastfeed	17
不肯	bù kěn		to refuse	15
不详	bùxiáng	*adj.*	not quite clear	12

C

采集	cǎijí	*v.*	to collect	11
采血室	cǎixiěshì	*n.*	blood sample collection room	19
参考值	cānkǎozhí	*n.*	reference value	20
苍白	cāngbái	*adj.*	pale	12
操作	cāozuò	*v.*	to operate	20
侧面	cèmiàn	*n.*	side	17
测量	cèliáng	*v.*	to measure	19
叉腰	chāyāo	*v.*	to stand akimbo, to rest one's hands on one's hips	17
产程	chǎnchéng	*n.*	the stages of labor	18
产道	chǎndào	*n.*	birth canal	18
产妇	chǎnfù	*n.*	puerpera	18
产后出血	chǎnhòu chūxuè		postpartum hemorrhage (PPH)	18
产力	chǎnlì	*n.*	uterine action, expulsive force	18
颤抖	chàndǒu	*v.*	to tremble	11
肠壁	chángbì	*n.*	intestinal wall	15
肠梗阻	chánggěngzǔ	*n.*	intestinal obstruction	15
肠管	chángguǎn	*n.*	intestinal canal	15
肠镜	chángjìng	*n.*	colonoscopy	15
肠扭转	chángniǔzhuǎn	*n.*	intestinal volvulus	16

词语	拼音	词性	英译	课号
肠腔	chángqiāng	*n.*	intestinal cavity	16
肠套叠	chángtàodié	*n.*	intussusception	16
肠系膜	chángxìmó	*n.*	mesentery	16
沉默	chénmò	*adj.*	silent	11
成分	chéngfèn	*n.*	ingredient	18
承担	chéngdān	*v.*	to undertake	13
迟钝	chídùn	*adj.*	retarded, slow	11
耻骨联合	chǐgǔ liánhé		pubic symphysis	18
冲	chōng	*v.*	to flush	15
充满	chōngmǎn	*v.*	to be full of	20
初期	chūqī	*n.*	initial stage, early stage	20
初乳	chūrǔ	*n.*	colostrum	18
催乳素	cuīrǔsù	*n.*	prolactin (PRL)	18

D

搭配	dāpèi	*v.*	to combine with	17
大汗淋漓	dàhàn línlí		to sweat profusely	12
大拇指	dàmǔzhǐ	*n.*	thumb	17
单纯性肠梗阻	dānchúnxìng chánggěngzǔ		simple intestinal obstruction	16
导泻	dǎoxiè	*v.*	to perform catharsis	15
登记	dēngjì	*v.*	to register	12
等候	děnghòu	*v.*	to wait	17
滴	dī	*v.*	to drip	20
滴眼液	dīyǎnyè	*n.*	eye drops	20
电除颤	diànchúchàn	*v.*	to perform electric defibrillation	12

词语	拼音	词性	英译	课号
电击	diànjī	*v.*	to give an electric shock	12
电极片	diànjípiàn	*n.*	electrode pad	12
耵聍	dīngníng	*n.*	cerumen	19
顶	dǐng	*m.*	*used of sth. that has a top*	11
丢	diū	*v.*	to lose	11
肚脐	dùqí	*n.*	navel	15
对称	duìchèn	*adj.*	symmetric	17

E

鹅口疮	ékǒuchuāng	*n.*	thrush, oral candidiasis	19
（耳）背	(ěr) bèi	*adj.*	hard of hearing	20
耳郭	ěrguō	*n.*	auricle	19

F

发布	fābù	*v.*	to release	11
发抖	fādǒu	*v.*	to shake	11
翻转	fānzhuǎn	*v.*	to turn over	12
反常	fǎncháng	*adj.*	abnormal	16
反射性	fǎnshèxìng	*adj.*	reflective	16
房角	fángjiǎo	*n.*	chamber angle	20
房水	fángshuǐ	*n.*	aqueous humor	20
放大镜	fàngdàjìng	*n.*	magnifying glass	20
放屁	fàngpì	*v.*	to fart	15
放置	fàngzhì	*v.*	to place	18
非亲缘供体	fēiqīnyuán gōngtǐ		unrelated donor	13
分化	fēnhuà	*v.*	to differentiate	13

词语	拼音	词性	英译	课号
分类	fēnlèi	*v.*	to classify	13
分娩	fēnmiǎn	*v.*	to deliver (a baby)	18
分型	fēnxíng	*n.*	type	13
粉末	fěnmò	*n.*	powder	19
符合	fúhé	*v.*	to accord with	14
幅度	fúdù	*n.*	range, extent	11
辅食	fǔshí	*n.*	solid food (for a baby)	16
负重	fùzhòng	*v.*	to bear a heavy load	14
附近	fùjìn	*adj.*	nearby	11
复筛	fùshāi	*v.*	to screen for the second time	19
复视	fùshì	*n.*	diplopia	13
腹股沟斜疝	fùgǔgōu xiéshàn	*n.*	indirect inguinal hernia	19
腹膜炎	fùmóyán	*n.*	peritonitis	16
覆盖	fùgài	*v.*	to cover	17

G

干涩	gānsè	*adj.*	dry and puckered	20
干眼	gānyǎn	*n.*	dry eye	20
感觉器官	gǎnjué qìguān	*n.*	sensory organ	20
肛裂	gāngliè	*n.*	anal fissure	15
肛瘘	gānglòu	*n.*	anal fistula	15
肛门指检	gāngmén zhǐjiǎn		anal digital examination	15
疙瘩	gēda	*n.*	lump	19
隔	gé	*v.*	to have an interval	16
个别	gèbié	*adj.*	very few	19
供体	gōngtǐ	*n.*	donor	13

词语	拼音	词性	英译	课号
宫内节育器	gōngnèi jiéyùqì	*n.*	intrauterine device (IUD)	18
宫缩	gōngsuō	*v.*	to have a uterine contraction	18
构成	gòuchéng	*v.*	to compose	14
骨科	gǔkē	*n.*	(the department of) orthopedics	11
骨膜	gǔmó	*n.*	periosteum	13
骨盆	gǔpén	*n.*	pelvis	14
骨髓穿刺（骨穿）	gǔsuǐ chuāncì (gǔchuān)		bone marrow aspiration	13
骨髓象	gǔsuǐxiàng	*n.*	bone marrow smear	13
挂号	guàhào	*v.*	to register	14
灌肠	guàncháng	*v.*	to give an enema	16
果酱	guǒjiàng	*n.*	jam	16

H

含量	hánliàng	*n.*	content	18
毫升	háoshēng	*m.*	milliliter (ml)	16
黑便	hēibiàn	*n.*	melena	15
横结肠	héngjiécháng	*n.*	transverse colon	15
虹膜	hóngmó	*n.*	iris	20
后房	hòufáng	*n.*	posterior chamber	20
候诊区	hòuzhěnqū	*n.*	waiting area	16
呼救	hūjiù	*v.*	to call for help	11
护腰	hùyāo	*n.*	waist support	14
糊状	hùzhuàng	*adj.*	mushy	15
慌张步态	huāngzhāng bùtài		festinating gait	11
回盲部	huímángbù	*n.*	ileocecal region	16

词语	拼音	词性	英译	课号
会诊	huìzhěn	*v.*	to hold a group consultation	12
混合性腺瘤性息肉	hùnhéxìng xiànliúxìng xīròu		mixed adenomatous polyp	15

J

词语	拼音	词性	英译	课号
几乎	jīhū	*adv.*	nearly	20
肌力	jīlì	*n.*	muscle strength	14
肌强直	jīqiángzhí	*n.*	muscle rigidity, myotonia	11
肌张力	jīzhānglì	*n.*	muscle tone	11
激光	jīguāng	*n.*	laser	20
急促	jícù	*adj.*	rapid	12
急腹症	jífùzhèng	*n.*	acute abdomen	16
急救	jíjiù	*v.*	to give first aid	12
急剧	jíjù	*adj.*	rapid, drastic	20
急性髓系白血病	jíxìng suǐxì báixuèbìng		acute myeloid leukemia (AML)	13
挤压	jǐyā	*v.*	to squeeze	17
给氧	jǐyǎng	*v.*	to provide oxygen	12
脊神经根	jǐshénjīnggēn	*n.*	spinal nerve root	14
脊髓	jǐsuǐ	*n.*	spinal cord	13
脊柱侧凸	jǐzhù cètū		scoliosis	14
继发	jìfā	*v.*	to secondarily occur	13
加压	jiāyā	*v.*	to elevate pressure, to pressurize	12
假性宫缩	jiǎxìng gōngsuō		Braxton Hicks contractions	18
减弱	jiǎnruò	*v.*	to weaken	16
间隔	jiàngé	*v.*	to have an interval	16
间歇性	jiànxiēxìng	*adj.*	intermittent	15

词语	拼音	词性	英译	课号
僵硬	jiāngyìng	*adj.*	stiff	11
焦虑	jiāolǜ	*adj.*	anxious, worried	11
绞窄性肠梗阻	jiǎozhǎixìng chánggěngzǔ		strangulated intestinal obstruction	16
脚背	jiǎobèi	*n.*	instep	14
结肠	jiécháng	*n.*	colon	15
结构	jiégòu	*n.*	structure	19
结直肠癌	jiézhícháng'ái	*n.*	colorectal cancer	15
截瘫	jiétān	*v.*	to suffer from paraplegia	13
解	jiě	*v.*	to untie	17
金黄散	jīnhuángsǎn	*n.*	Jinhuangsan Ointment	17
尽全力	jìn quánlì		to try one's best	13
近端	jìnduān	*n.*	proximal end	15
近亲属	jìnqīnshǔ	*n.*	close relative	13
浸润	jìnrùn	*v.*	to infiltrate	13
晶状体	jīngzhuàngtǐ	*n.*	crystalline lens	20
静脉通道	jìngmài tōngdào		venous channel	12
静脉推注	jìngmài tuīzhù		intravenous push	12
静止性震颤	jìngzhǐxìng zhènchàn		static tremor	11

K

卡介苗	kǎjièmiáo	*n.*	Bacillus Calmette-Guérin (BCG) vaccine	19
开塞露	kāisèlù	*n.*	glycerol enema	15
开通	kāitōng	*v.*	to put into operation	12
康复科	kāngfùkē	*n.*	rehabilitation department	14

词语	拼音	词性	英译	课号
抗感染	kànggǎnrǎn	*v.*	to be anti-infectious	13
抗炎	kàngyán	*v.*	to be anti-inflammatory	14
口服	kǒufú	*v.*	to take (medicine) orally	20
哭闹	kūnào	*v.*	to cry	16

L

词语	拼音	词性	英译	课号
拉血	lā xiě		to have blood in one's stool	16
腊肠形	làchángxíng		sausage-shaped	16
蓝光照射	lánguāng zhàoshè		bili light (for phototherapy)	19
蓝灰色	lánhuīsè	*n.*	dusty blue	13
老花	lǎohuā	*v.*	to be presbyopic	20
老花镜	lǎohuājìng	*n.*	presbyopic glasses, reading glasses	20
老化	lǎohuà	*v.*	to age	14
老人家	lǎorenjia	*n.*	venerable old person	11
理疗（物理治疗）	lǐliáo (wùlǐ zhìliáo)	*v.*	to undergo physiotherapy	14
邻近	línjìn	*n.*	neighbourhood, vicinity	16
临产	línchǎn	*v.*	to be about to labor	18
聋	lóng	*adj.*	deaf	11
绿色瘤	lǜsèliú	*n.*	chloroma	13
绿色通道	lǜsè tōngdào		green channel	12

M

词语	拼音	词性	英译	课号
满月	mǎnyuè	*v.*	(a baby) to be one month old	19
帽子	màozi	*n.*	hat	11
棉签	miánqiān	*n.*	cotton swab	19

词语	拼音	词性	英译	课号
描述	miáoshù	*v.*	to describe	11
灭菌	mièjūn	*v.*	to sterilize	19
磨	mò	*v.*	to mill	19
母乳	mǔrǔ	*n.*	breast milk	16

N

词语	拼音	词性	英译	课号
奶粉	nǎifěn	*n.*	milk powder, powdered milk	17
奶瓶	nǎipíng	*n.*	baby bottle	19
难产	nánchǎn	*v.*	to suffer from dystocia	18
内部	nèibù	*n.*	internal part	19
内容物	nèiróngwù	*n.*	contents	15
内陷	nèixiàn	*v.*	to retract into, to invert	17
内痔	nèizhì	*n.*	internal hemorrhoids	15
脓血便	nóngxuèbiàn	*n.*	bloody purulent stool	15
脓液	nóngyè	*n.*	pus	15

P

词语	拼音	词性	英译	课号
趴	pā	*v.*	to lie prone	19
帕金森病	pàjīnsēnbìng	*n.*	Parkinson’s disease (PD)	11
排便	páibiàn	*v.*	to defecate	15
排空	páikōng	*v.*	to drain out	17
配型	pèixíng	*v.*	to match	13
膨出	péngchū	*v.*	to bulge	14
频率	pínlǜ	*n.*	frequency	12
平衡	pínghéng	*adj.*	balanced	11

词语	拼音	词性	英译	课号
破水	pòshuǐ	*v.*	(of amniotic fluid at the time of delivery) to flow out	18
剖宫产	pōugōngchǎn	*v.*	to have a cesarean section	18
葡萄胎	pútaotāi	*n.*	hydatidiform mole	18

Q

脐带血	qídàixuè	*n.*	umbilical cord blood	13
起伏	qǐfú	*v.*	to fluctuate	12
气管内插管	qìguǎn nèi chāguǎn		to perform endotracheal intubation	12
气囊	qìnáng	*n.*	Ambu bag	12
卡	qiǎ	*v.*	to stuck	19
牵引	qiānyǐn	*v.*	to do traction	14
前房	qiánfáng	*n.*	anterior chamber	20
浅	qiǎn	*adj.*	shallow	20
强度	qiángdù	*n.*	intensity	14
强烈	qiángliè	*adj.*	strong	18
切开	qiēkāi	*v.*	to incise	17
亲戚	qīnqi	*n.*	relative	11
青光眼	qīngguāngyǎn	*n.*	glaucoma	20
轻微	qīngwēi	*adj.*	slight	20
清肠	qīngcháng	*v.*	to purge intestines	15
清宫	qīnggōng	*v.*	to undergo uterine curettage	18
请示	qǐngshì	*v.*	to ask for instructions	12
屈光度	qūguāngdù	*n.*	diopter	20
圈	quān	*n.*	circle	17
缺铁性贫血	quētiěxìng pínxuè	*n.*	iron-deficiency anemia	18

词语	拼音	词性	英译	课号
缺陷	quēxiàn	*n.*	defect	19

R

乳房	rǔfáng	*n.*	breast, mamma	17
乳头	rǔtóu	*n.*	nipple	17
乳腺癌	rǔxiàn'ái	*n.*	breast cancer	17
乳腺纤维腺瘤	rǔxiàn xiānwéixiànliú	*n.*	breast fibroadenoma	17
乳腺 X 线钼靶检查	rǔxiàn X xiàn mùbǎ jiǎnchá		mammography	17
乳腺炎	rǔxiànyán	*n.*	mastitis	17
乳汁	rǔzhī	*n.*	breast milk	17
软骨终板	ruǎngǔ zhōngbǎn	*n.*	cartilaginous endplate	14
润肤乳	rùnfūrǔ	*n.*	moisturizing lotion	19

S

三维超声检查	sānwéi chāoshēng jiǎnchá		three-dimensional ultrasonography	18
散大	sàndà	*v.*	to dilate	20
纱布	shābù	*n.*	gauze	17
晒太阳	shài tàiyáng		to bask in the sun	11
疝气	shànqì	*n.*	hernia	19
上厕所	shàng cèsuǒ		to go to toilet	15
少见	shǎojiàn	*adj.*	rare	16
伸	shēn	*v.*	to stretch, to extend	11
身长	shēncháng	*n.*	height (of an infant)	19
神经根管	shénjīng gēnguǎn	*n.*	nerve root canal	14

词语	拼音	词性	英译	课号
神志不清	shénzhì bù qīng		to be unconscious	12
肾上腺素	shènshàngxiànsù	*n.*	adrenaline	12
渗液	shènyè	*v.*	to effuse	14
生产	shēngchǎn	*v.*	to give birth (to a baby)	18
生成	shēngchéng	*v.*	to generate	13
失常	shīcháng	*adj.*	abnormal	12
失禁	shījìn	*v.*	to suffer from incontinence	13
失明	shīmíng	*v.*	to be blind	13
失误	shīwù	*v.*	to make a mistake	20
湿润	shīrùn	*adj.*	moist	19
湿疹	shīzhěn	*n.*	eczema	17
食指	shízhǐ	*n.*	index finger	17
示范	shìfàn	*v.*	to demonstrate	20
视神经	shìshénjīng	*n.*	optic nerve	20
视网膜	shìwǎngmó	*n.*	retina	20
视野	shìyě	*n.*	view, vision	20
适应证	shìyìngzhèng	*n.*	indication	14
室颤（心室颤动）	shìchàn (xīnshì chàndòng)	*n.*	ventricular fibrillation	12
手臂	shǒubì	*n.*	arm	11
首选	shǒuxuǎn	*v.*	to be the first choice	16
舒适	shūshì	*adj.*	comfortable	19
衰老	shuāilǎo	*adj.*	senile	20
双胞胎	shuāngbāotāi	*n.*	twins	17
双顶径	shuāngdǐngjìng	*n.*	biparietal diameter (BPD)	18
顺产	shùnchǎn	*v.*	to have a spontaneous delivery	18

词语	拼音	词性	英译	课号
送医	sòngyī	*v.*	to send to hospital	12
苏醒	sūxǐng	*v.*	to come to oneself	12
髓核	suǐhé	*n.*	nucleus pulposus	14
损失	sǔnshī	*v.*	to lose	20
缩短	suōduǎn	*v.*	to shorten	18
缩宫素	suōgōngsù	*n.*	oxytocin	18

T

词语	拼音	词性	英译	课号
他处	tāchù	*n.*	elsewhere	15
胎	tāi	*m.*	birth, farrow	17
胎动	tāidòng	*v.*	(of a fetus) to quicken, to move	18
胎位	tāiwèi	*n.*	fetal position	18
胎心	tāixīn	*n.*	fetal heart rate (FHR)	18
趟	tàng	*m.*	*used of a trip*	11
套入	tàorù	*v.*	to slide into, to fold into	16
特殊	tèshū	*adj.*	special	13
特征	tèzhēng	*n.*	feature	11
体位	tǐwèi	*n.*	posture, position	15
添加	tiānjiā	*v.*	to add	16
听诊器	tīngzhěnqì	*n.*	stethoscope	16
挺胸	tǐngxiōng	*v.*	to throw one's chest out	17
同志	tóngzhì	*n.*	comrade	11
头围	tóuwéi	*n.*	head circumference	19
透视	tòushì	*v.*	to perform fluoroscopy, to be X-rayed	16
途径	tújìng	*n.*	path	17

词语	拼音	词性	英译	课号
途中	túzhōng		on the way	12
涂抹	túmǒ	v.	to smear	17
退行性病变	tuìxíngxìng bìngbiàn		degenerative lesion	14
拖	tuō	v.	to shuffle	11
脱离	tuōlí	v.	to be out of	12
脱皮	tuōpí	v.	to shed skin	17
脱水	tuōshuǐ	v.	to dehydrate, to lose body fluids	16
驼背	tuóbèi	v.	to have a hunchback	11

W

词语	拼音	词性	英译	课号
外表	wàibiǎo	n.	appearance	19
外耳	wài'ěr	n.	external ear, outer ear	19
外用	wàiyòng	v.	to apply externally	17
外周血涂片	wàizhōuxuè túpiàn	n.	peripheral blood smear	13
弯腰	wānyāo	v.	to bend down	14
危重	wēizhòng	adj.	dangerous and severe	12
围产期	wéichǎnqī	n.	perinatal period	18
喂养	wèiyǎng	v.	to feed	16
问诊	wènzhěn	v.	to inquire, to diagnose through interrogation	15
握	wò	v.	to hold	11
无名指	wúmíngzhǐ	n.	ring finger	17
捂	wǔ	v.	to hold in one's hand	16

X

词语	拼音	词性	英译	课号
吸	xī	v.	to suck	17

词语	拼音	词性	英译	课号
瞎	xiā	*v.*	to be blind	20
下垂	xiàchuí	*v.*	to droop, to hang down	17
下缘	xiàyuán	*n.*	inferior margin	17
先天性耳聋	xiāntiānxìng ěrlóng		congenital deafness	19
先天性小耳畸形	xiāntiānxìng xiǎo'ěr jīxíng		congenital microtia	19
纤维环	xiānwéihuán	*n.*	annulus fibrosus	14
鲜红色	xiānhóngsè	*n.*	bright red	15
显微外科	xiǎnwēi wàikē	*n.*	microsurgery	14
相对	xiāngduì	*adv.*	relatively	19
享受	xiǎngshòu	*v.*	to enjoy	20
消肿	xiāozhǒng	*v.*	to relieve a swelling	14
协调	xiétiáo	*adj.*	coordinated	11
心搏骤停	xīnbó zhòutíng		sudden cardiac arrest	12
心肺复苏	xīnfèi fùsū		cardiopulmonary resuscitation (CPR)	12
心跳	xīntiào	*v.*	(of the heart) to beat, to palpitate	12
新生儿	xīnshēng'ér	*n.*	newborn	16
形态	xíngtài	*n.*	form, shape	19
性质	xìngzhì	*n.*	property, nature	15
胸廓	xiōngkuò	*n.*	thoracic cage	12
胸外按压	xiōngwài ànyā		to perform chest compressions	12
胸围	xiōngwéi	*n.*	chest circumference	19
休克	xiūkè	*v.*	to suffer from shock	12
嗅觉	xiùjué	*n.*	olfaction	11
眩晕	xuànyùn	*v.*	to feel dizzy	13
寻人启事	xúnrén qǐshì		notice for missing persons	11

词语	拼音	词性	英译	课号
寻找	xúnzhǎo	*v.*	to seek	13

Y

词语	拼音	词性	英译	课号
延迟	yánchí	*v.*	to delay	18
严格	yángé	*adj.*	strict	14
眼底	yǎndǐ	*n.*	fundus of eye	13
眼眶	yǎnkuàng	*n.*	eye socket	13
眼压	yǎnyā	*n.*	intraocular pressure	20
眼药水	yǎnyàoshuǐ	*n.*	eye drops	20
羊水	yángshuǐ	*n.*	amniotic fluid	18
仰卧位	yǎngwòwèi	*n.*	supine position	12
腰椎	yāozhuī	*n.*	lumbar vertebra	14
腰椎间盘突出症	yāozhuījiānpán tūchūzhèng	*n.*	lumbar disc herniation	14
腋窝	yèwō	*n.*	armpit, axilla	17
医科	yīkē	*n.*	medical science, medicine	12
一系列	yíxìliè	*adj.*	a series of	13
以防万一	yǐ fáng wànyī		just in case, be ready for anything	11
以内	yǐnèi	*n.*	being within a space or time	16
抑郁	yìyù	*adj.*	depressed	11
婴幼儿	yīng-yòu'ér	*n.*	infants and preschool children	16
永久性	yǒngjiǔxìng	*adj.*	permanent	20
用途	yòngtú	*n.*	use, application	17
有限	yǒuxiàn	*adj.*	limited	11
幼稚细胞	yòuzhì xìbāo	*n.*	juvenile cell	13
诱因	yòuyīn	*n.*	predisposing cause	15

词语	拼音	词性	英译	课号
预产期	yùchǎnqī	*n.*	due date	18
预期	yùqī	*v.*	to expect	19
原发性闭角型青光眼	yuánfāxìng bìjiǎoxíng qīngguāngyǎn		primary angle-closure glaucoma	20
原始细胞	yuánshǐ xìbāo	*n.*	blast cell	13
月经来潮	yuèjīng láicháo		to menstruate	17
月经史	yuèjīngshǐ	*n.*	menstrual history	18
月龄	yuèlíng	*n.*	age of a newborn in months	16
晕厥	yūnjué	*v.*	to suffer from syncope	12

Z

词语	拼音	词性	英译	课号
暂停	zàntíng	*v.*	to suspend	12
脏器	zàngqì	*n.*	viscera	13
糟	zāo	*adj.*	bad	11
早发型	zǎofāxíng	*n.*	early-onset type	11
造血干细胞	zàoxuè gànxìbāo	*n.*	hematopoietic stem cell	13
则	zé	*m.*	a piece (of writing)	11
增厚	zēnghòu	*v.*	to thicken	15
摘除	zhāichú	*v.*	to remove	14
站立	zhànlì	*v.*	to stand	17
掌握	zhǎngwò	*v.*	to grasp	15
胀痛	zhàngtòng	*adj.*	distending pain	15
涨奶	zhàngnǎi	*v.*	to have distension and fullness in the breasts because of galactosis	17
着急	zháojí	*v.*	to worry	11

词语	拼音	词性	英译	课号
针对性	zhēnduìxìng	*adj.*	targeted	13
诊室	zhěnshì	*n.*	consulting room	11
镇痛	zhèntòng	*v.*	to ease pain	14
征求	zhēngqiú	*v.*	to ask for (opinions)	12
整形外科	zhěngxíng wàikē		plastic surgery	19
正常值	zhèngchángzhí	*n.*	normal value	20
证件	zhèngjiàn	*n.*	certificate, credentials	19
之前	zhīqián	*n.*	time before a certain point	16
知觉	zhījué	*n.*	consciousness	14
职业病	zhíyèbìng	*n.*	occupational disease	14
植骨	zhígǔ	*v.*	to perform bone graft	14
指腹	zhǐfù	*n.*	finger pulp	17
制霉菌素片	zhìméijūnsùpiàn	*n.*	Nystatin tablet	19
致盲率	zhìmánglǜ	*n.*	blind rate	20
痔疮	zhìchuāng	*n.*	hemorrhoids	15
窒息	zhìxī	*v.*	to suffer from asphyxia	18
智力	zhìlì	*n.*	intelligence	11
中成药	zhōngchéngyào	*n.*	Chinese patent medicine	17
中华骨髓库	Zhōnghuá Gǔsuǐkù	*n.*	China Marrow Donor Program (CMDP)	13
中枢神经系统	zhōngshū shénjīng xìtǒng	*n.*	central nervous system (CNS)	13
中指	zhōngzhǐ	*n.*	middle finger	17
终止	zhōngzhǐ	*v.*	to terminate	18
重物	zhòngwù	*n.*	heavy thing	14
周边	zhōubiān	*n.*	periphery	20
皱纹	zhòuwén	*n.*	wrinkle	20

词语	拼音	词性	英译	课号
逐年	zhúnián	*adv.*	year by year	17
椎骨	zhuīgǔ	*n.*	vertebra	14
椎管	zhuīguǎn	*n.*	vertebral canal	14
椎间盘	zhuījiānpán	*n.*	intervertebral disc	14
准妈妈	zhǔnmāma	*n.*	mother-to-be	18
咨询	zīxún	*v.*	to consult	19
紫癜	zǐdiàn	*n.*	purpura	13
自动体外除颤器	zìdòng tǐwài chúchànqì		automated external defibrillator (AED)	12
自觉	zìjué	*v.*	to be aware of	11
自由度	zìyóudù	*n.*	degree of freedom	16
自主	zìzhǔ	*v.*	to be spontaneous	12
自主神经	zìzhǔ shénjīng		autonomic nerve	11
足月	zúyuè	*v.*	to be born after the normal period of gestation	18
足月儿	zúyuè'ér	*n.*	term infant	19
阻滞	zǔzhì	*v.*	to stagnate	13
嘴唇	zuǐchún	*n.*	lip	19